지겨운 공부 왜 해야 해?

ⓒ 정재영, 2022

이 책의 저작권은 저자에게 있습니다.
저작권법에 의해 보호를 받는 저작물이므로
저자의 허락 없이 무단 전재와 복제를 금합니다.

아이의 공부 마음을 바꾸는 신기한 초등공부법

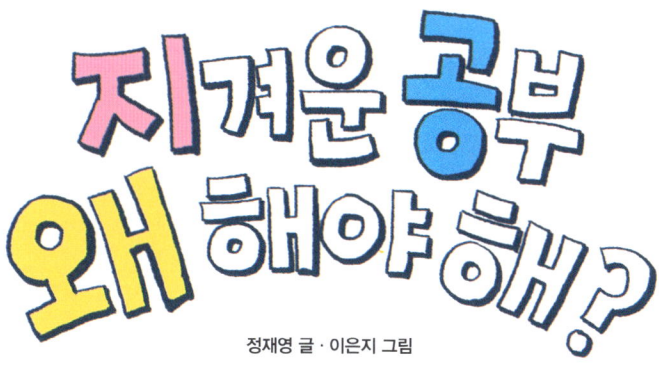
지겨운 공부 왜 해야 해?

정재영 글 · 이은지 그림

북라이프

지겨운 공부 왜 해야 해?

1판 1쇄 발행 2022년 5월 6일
1판 4쇄 발행 2023년 2월 7일

지은이 | 정재영
발행인 | 홍영태
발행처 | 북라이프
등 록 | 제2011-000096호(2011년 3월 24일)
주 소 | 03991 서울시 마포구 월드컵북로6길 3 이노베이스빌딩 7층
전 화 | (02)338-9449
팩 스 | (02)338-6543
대표메일 | bb@businessbooks.co.kr
홈페이지 | http://www.businessbooks.co.kr
블로그 | http://blog.naver.com/booklife1
페이스북 | thebooklife
ISBN 979-11-91013-38-2　73370

* 잘못된 책은 구입하신 서점에서 바꾸어 드립니다.
* 책값은 뒤표지에 있습니다.
* 북라이프는 (주)비즈니스북스의 임프린트입니다.
* 비즈니스북스에 대한 더 많은 정보가 필요하신 분은 홈페이지를 방문해 주시기 바랍니다.

비즈니스북스는 독자 여러분의 소중한 아이디어와 원고 투고를 기다리고 있습니다.
원고가 있으신 분은 ms3@businessbooks.co.kr로 간단한 개요와 취지, 연락처 등을 보내 주세요.

작가의 말

도대체 우리는 이 지겨운 공부를 왜 해야 할까요? 공부 스트레스를 줄일 수 있는 방법은 없을까요? 저의 아이가 어릴 때 칭얼칭얼 여러 번 물었습니다. 저에게서 글쓰기를 배우던 어린이들도 같은 질문을 했어요. 사실 저도 다르지 않아요. 지금은 어른이 되고 말았지만 저 또한 예쁜 어린이였는데 똑같이 궁금하고 답답했어요.

그 오래된 질문에 답하려고 이 책을 썼습니다.

여기서 잠깐! 그런데 여러분 꿀벌들이 엉덩이로 대화한다는 거 아나요? 아는 어린이도 있을 테지만 간단히 설명해 볼게요. 꿀벌 한 마리가 꿀이 맛있는 꽃을 우연히 발견했어요. 급히 집으로 돌아가 친구들에게 그 기쁜 소식을 전하고 싶었을 거예요. 그런데 꽃의 위치를 어떻게 알릴까요? 말을 하나요? 그림을 그릴까요? 아니면 지도에서 좌표를 찍어주기라도 할까요? 꿀벌은 그런 재미없는 방법은 쓰지 않아요. 대신 정열적으로 춤을 춰요. 엉덩이를 부르르 떨면서 앞으로 걸어가는 동작을 반복한답니다.

곁에 모인 친구들은 춤추는 꿀벌의 몸이 향하는 방향을 봐요. 그러면 태양을 기준으로 어느 방향에 꽃이 있는지 알 수 있어요. 또 엉덩이를 몇 번이나 흔드는지 세어봅니다. 그렇게해서 꽃이 있는 거리를 파악할 수 있다고 해요.

그런데 훨씬 더 놀라운 게 있어요. 바로 여러분이에요. 방금 꿀벌의 언어를 배웠어요. 깊은 숲속 벌집에서 꿀벌이 소근소근 나누는 비밀 대화법을 여러분이 터득한 겁니다.

우리는 어떻게 꿀벌의 언어를 이해하게 되었을까요? 과학자들 덕분입니다. 그 중 한 분이 오스트리아의 동물학자 카를 폰 프리슈인데, 무려 60년 동안 공부해서 꿀벌의 언어를 밝혀냈다고 해요.

공부를 왜 할까요? 신비로운 세상을 여행하기 위해서예요. 꿀벌을 연구한 과학자들은 꿀벌의 세계로 빠져 들어가 관찰하다가 엉덩이 춤

의 비밀을 알아냈어요. 그 귀여운 춤이 꿀벌들만의 정교한 대화라니 얼마나 재미있고 기뻤을까요? 공부가 신비로운 꿀벌 세상으로 들어가는 열쇠였어요.

꿀벌 세상보다 훨씬 놀라운 세상이 여러분을 기다리고 있어요. 공부는 세상을 여행하는 데 필요한 안내서이고요. 사람들은 어떤 곳에서 태어나 어떻게 사는지(사회), 대화는 어떻게 해야 하는지(국어, 영어), 정확하게 생각하는 방법은 무엇인지(수학, 과학) 알려주는 게 공부인 것입니다. 책을 읽고 지식을 쌓으면 커서 세상을 여행하고 대화하고 연구하는 데 큰 도움이 될 거예요.

어렵고 짜증 나는 공부를 왜 해야 하는지, 어떻게 하면 공부 스트레스를 줄일 수 있는지, 누구나 익힐 수 있는 마법 같은 공부 방법을 찾아 이 책에 담았습니다. 물론 공부가 쉽지 않아요. 힘들 때도 많죠. 그래도 공부의 이유를 알면 덜 힘들 거예요. 거기에다가 효율적인 공부법까지 배운다면 공부 스트레스가 확 줄어들 겁니다. 이 책을 통해 여러분을 도와주고 싶어요. 재미있게 읽어주길 기대할게요. 또한 어린이 여러분이 공부 때문에 힘들고 슬퍼하는 일이 사라지라고 기원할게요.

작가의 말　　　　　　　　　　　　　　　5
인트로　　　　　　　　　　　　　　　　8

이유를 알면 쉬워지는 공부의 숨은 비밀

class 01	공부 때문에 상처받지 않으려면 어떻게 해야 하나요?	18
class 02	공부를 하면 어떤 좋은 일이 생기나요?	24
class 03	공부를 하면 행복해지나요?	34
class 04	어려운 게 싫어요. 왜 이런 걸 배워야 하나요?	40
class 05	어른들은 어릴 때 공부가 좋았나요?	46

미래의 나를 만드는
공부 마음 비법

class 01	저의 재능과 미래 직업을 알 수 있나요?	54
class 02	머리가 너무 나쁜 것 같아 속상해요	62
class 03	쉬지 않고 공부만 하면 엄청 똑똑해질까요?	68
class 04	어떻게 해야 공부 자신감이 생기나요?	74
class 05	유튜브가 엄청 좋아요. 도저히 끊을 수가 없어요	82
class 06	꼭 큰 꿈이 있어야 하나요?	90

제3장

공부 습관을 완성하는
실속 공부 기술

class 01	산더미처럼 쌓인 공부 때문에 너무 스트레스 받아요	98
class 02	공부 천재가 되는 비법이 있나요?	104
class 03	세상에서 가장 좋은 공부법은 뭔가요?	112
class 04	질문은 어떻게 해야 하나요?	118
class 05	수업 시간에 집중하는 방법이 있나요?	124
class 06	공부와 휴식을 방해하는 생각들이 자꾸 떠올라요	130
class 07	책 읽는 속도가 너무 느려요	138

제4장
무엇도 두렵지 않은 문제 해결 공부법

class 01	교과서가 너무 복잡해요. 정리법을 알려주세요	144
class 02	실제로 도움이 되는 암기법을 알려주세요	148
class 03	헷갈리는 연도, 어떻게 쉽게 외우나요?	160
class 04	어려운 걸 뚝딱 이해하는 방법을 알려주세요	166
class 05	뜻 모를 낱말이 자꾸 나오면 어떻게 해야 하나요?	172
class 06	중요한 내용이 어떤 건지 모르겠어요	178
class 07	글을 뜯고 분해해야 비밀을 알 수 있다고요?	186
부록	공부로부터 나를 지키는 마법의 질문	195

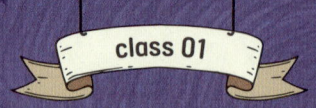

공부 때문에 상처받지 않으려면 어떻게 해야 하나요?

Q. 공부가 지겨운 좀비 같고 상어 같아요. 저를 끈질기게 쫓아다니면서 괴롭히고 상처를 줘요. 부모님은 모르시지만 제가 상처를 자주 받아요. 친구들처럼 잘하고 싶은데 잘 안 될 때 내가 바보 같고 창피해요. 또 저의 공부 실력에 실망하는 엄마 아빠의 표정을 보면 미안해서 눈물이 날 것 같아요. 다 공부 때문이에요. 못된 공부가 상처를 줘요. 어떻게 해야 하나요?

A. 그래요. 공부 때문에 상처받고 힘들어 하는 어린이가 무척 많아요. 안타까운 일이죠. 공부하면서 슬프거나 아프지 않으려면 어떻게 해야 할까요? 튼튼한 마음 갑옷을 입으면 된답니다. 구체적인 방법을 세 가지만 말씀드릴게요.

1. 자신을 꼭 껴안아 주세요

우선 자신을 부끄러워하지 않는 거예요. 학교나 학원에서 시험 성적이 낮게 나왔어도 '나는 공부를 못하는 창피한 아이'라고 생각해서는 안 돼요. 그런 생각은 하면 할수록 나에게 상처를 줍니다. 대신 어깨를 펴고 희망을 느끼고 자신에게 이렇게 말해보세요. '시험을 못 봐서 아쉽다. 하지만 다음에 잘하면 되니까 괜찮다'라고요.

스스로에게 가장 좋은 친구가 되어 주세요. 자신이 자신에게 가장 따뜻한 말을 해줘야 하는 거예요.

그리고 실망한 부모님에게 솔직하고 씩씩하게 말씀드리세요.

실망시켜서 죄송해요. 하지만 너무 속상해하지 마세요. 다음에는 엄마 아빠를 꼭 기쁘게 해드릴게요. 최선을 다할 거예요.

이렇게 용기를 내서 말해보세요. 엄마 아빠의 표정이 환해지지 않을 수 없을 거예요.

누구나 소중합니다. 말썽을 피운 어린이도 반성하면 되는 거지 나쁜 어린이인 것은 아니죠. 또 점수가 낮다고 어린이가 소중하지 않은 게 결코 아니에요. 그러니 자기가 바보 같다거나 창피하다고 생각하지 마세요. 언제나 자신을 꼭 껴안아 주세요. 공부 때문에 생긴 상처가 금방 낫게 될 것입니다.

2. 다른 친구와 자신을 비교하지 마세요

친구와 공부 실력을 비교하면서 자랑하면 안 돼요. 거북이와 경주했던 토끼는 왜 졌나요? 자기가 남보다 잘났다고 자만했기 때문이죠. 그리고 거북이는 어떻게 이겼나요? 토끼와 자기 실력을 비교했다면 애초에 도전도 못했을 거예요. 남과 견주지 않고 자기 속도로 꾸준히 걷다 보니 거북이는 승리하게 되었던 거죠.

이기건 지건 상관이 없어요. 남이 빠르거나 느리거나 신경 쓰지 말아야 해요. 친구가 매일 100점을 맞아도 그건 친구 사정일 뿐이에요. 나는 내 속도대로 꾸준히 노력하면 되는 겁니다.

급식 시간에 친구들이 밥을 잘 먹나 안 먹나 두리번거리면 소화도 안 되고 내 밥을 못 먹어요. 공부도 마찬가지예요. 남과 나를 비교하면 괴롭고 힘들어요. 비교하지 말고 자기 공부에만 집중하면 돼요. 마음이 훨씬 편해지고 스트레스도 줄어들게 될 겁니다.

3. 내가 얼마나 크고 튼튼한지 잊지 마세요

고작 공부가 여러분을 이길 리가 없어요. 아니라고요? 공부가 무섭다고요? 그래요. 공부가 굉장히 무서워 보일 때도 있죠. 하지만 무엇이든 제아무리 무시무시해도 약점이 있답니다.

예를 들어 좀비나 상어가 그래요. 꾀죄죄한 좀비의 약점은 뭔가요? 영화마다 다르지만 빛을 싫어하는 좀비가 많아요. 밝은 빛을 비추면 그 끈질긴 좀비 떼도 맥없이 쓰러집니다. 포악한 상어의 약점은 뭘까요? 상어가 입을 쩍 벌리고 달려들면 어떡해야 할까요? 상어 연구자들이 추천하는 방법은 눈이나 아가미를 사정없이 찌르는 거예요. 급하면 확 물어버릴 수도 있겠죠. 상어는 예상치 못한 공격에 놀라서 허둥지둥 달아나게 될 거예요.

물론 살면서 좀비나 상어를 만날 일은 거의 없을 거예요. 말씀드리고 싶은 건 무척 크고 무서워 보이는 것도 알고 보면 별게 아니라는 겁니다. 공부도 그래요. 공부가 천하무적인 것은 아니에요. 방법을 알면 여러분이 공부를 마음껏 요리할 수 있어요.

이해가 안 되는 부분은 반복하면 돼요. 그래도 모르겠으면 선생님과 부모님에게 여쭤보세요. 또 이번 시험 성적이 나쁘면 다음에 잘 보면 되고요. 안심하세요. 마음 놓고 공부하세요. 그러다 보면 거대한 괴물 같던 공부가 쪼끄만 아기 양처럼 순해질 거예요. 그제서야 여러분은 공부에 비할 수 없이 크고 튼튼한 사람인 걸 깨닫게 되겠죠.

정리를 해볼게요. 공부 때문에 상처받지 않으려면 세 가지가 필요해요. 먼저 자신을 껴안으세요. 친구와는 절대 비교하지 마세요. 자신이 얼마나 크고 튼튼한지 잊지 마세요. 그렇게 하면 여러분의 고운 마음이 튼튼한 갑옷을 입게 될 겁니다.

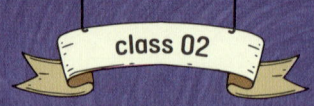

공부를 하면 어떤 좋은 일이 생기나요?

Q. 공부를 하면 어떤 좋은 일이 생기나요? 지겨운 말은 싫어요. 공부를 잘해야 좋은 대학에 가고 대기업에 취직한다는 말은 하지 말아 주세요. 초등학생도 공감할 새롭고 놀라운 이야기가 없나요?

A. 맞아요. 좋은 대학에 가고 좋은 직장에 가서 편하게 살려고만 공부하는 게 아니에요. 공부해서 생기는 기분 좋고 신나는 일은 더 많이 있어요. 먼저 나도 깜짝 놀랄 힘이 내 안에 자라납니다. 또 용기와 지혜를 얻게 되죠. 아울러 내 마음이 언제나 밝고 행복해진답니다. 오해는 마세요. 성적이 높아야만 그렇게 된다는 게 아니에요. 공부를 성실히 하기만 해도 누구나 그 모든 걸 누릴 수 있는 거예요. 하나하나 설명해 볼게요.

1. 모두를 깜짝 놀라게 변할 수 있다

첫 번째로 슈퍼히어로가 될 수 있어요. 물론 정말로 원더우먼이나 스파이더맨이 된다는 뜻은 아니고요. 다른 놀라운 능력을 갖게 된다는 의미입니다.

거지였지만 공부 덕분에 영웅이 된 어린이를 소개할게요. 이름은 톰 캔티인데, 지금부터 500년 전 쯤에 영국 런던의 아주 가난한 집에서 태어났어요. 톰은 가난하기만 한 게 아니라 불행하기까지 했어요. 아버지는 톰이 구걸을 해오지 않으면 혼내고 때리고 굶겼어요. 같이 사는 할머니가 말렸으면 좋았을 텐데 오히려 더 심한 욕을 하고 괴롭혔어요. 지옥 같은 집에 살던 톰 캔티가 누구냐고요? 바로 동화《왕자와 거지》에 나오는 거지 아이랍니다.

하지만 어디든 희망은 있게 마련이에요. 배고프고 불행한 톰에게 특별한 선생님이 생겼어요. 왕에게 밉보여 교회에서 쫓겨난 후 가난한 동네로 들어온 앤드루 신부님이었죠. 신부님은 톰에게 책을 소개해주고 신기한 이야기도 많이 해주셨어요. 거인, 요정, 도깨비, 마법사, 임금님이 나오는 환상적인 이야기들이었죠.

톰은 많이 놀랐을 게 분명해요. 구걸하던 길바닥은 더러웠고 매 맞던 집도 못잖게 구질구질했어요. 그런데 신부님이 알려준 세상은 놀랄 만큼 아름답고 눈부셨어요. 톰은 가슴이 뛰어서 그 세상에 뛰어들고 싶었을 거예요. 그리고 정말로 그랬어요. 톰은 책을 신나게 읽었고 어려운 라틴어 공부까지 마다하지 않았던 거예요.

얼마 후 톰에게 놀라운 변화가 일어났답니다. 엄청난 능력이 생긴 거예요. 평범한 청년이 슈퍼 거미에 물려 스파이더맨이 된 것과 비슷해요. 꾸준히 공부를 하던 톰은 어느새 아주 똑똑한 아이가 되었습니다. 말도 잘하고 모르는 것도 없는 톰에게 친구들은 모두 감탄했어요. 그리고 언젠가부터는 어려운 일이 생긴 어른들이 톰을 찾아오기 시작했어요. 그러면 톰은 이건 이렇고 저건 저렇다면서 훨씬 나이 많은 어른에게 해결책을 알려줬어요.

어른 아이 할 것 없이 모두 톰을 우러러봤어요. 톰은 동네의 영웅이 되었던 거죠. 나중에 우연히 만난 왕자도 근사하게 말하는 톰이 아주 대단하다고 칭찬했답니다.

재미있는 책을 읽고 지식을 쌓으면 어떻게 될까요? 빛나는 사람이 됩니다. 유명한 대학에 가서 빛나는 게 아니라 지식이 풍부하고 생각과 말이 깊어서 빛나게 되는 것이죠. 그러면 어려움을 겪는 친구들에게 조언을 해줄 수도 있고, 재미있는 이야기를 들려줘서 슬픔에서 친구를 구해낼 수도 있을 거예요. 스파이더맨이 악당에게서 사람들을 구하는 것과 비슷해요.

독서하고 생각하면 여러분의 슈퍼 파워가 깨어날 거예요. 그것이 공부의 힘이에요. 굶주리고 매 맞으며 살던 거지 소년을 빛나게 한 것도 바로 공부였어요. 책을 읽고 배우면 내가 달라집니다. 생각이 깊어지고 지식이 많아져서 근사한 사람으로 자라게 되는 것입니다.

2. 공부 방패로 나를 지킬 수 있다

공부에 집중한 어린이에게는 방패도 생깁니다. 공부가 나를 보호할 수 있어요. 쉽게 설명하기 위해서 상황을 가정해봐요. 친구가 내게 심한 말을 했어요. "뭐? 너의 말은 틀렸어. 너무 우습다. 듣기도 싫어."라고요. 그렇게 친구가 내 의견을 무시할 때는 뭐라고 말해줘야 할까요?

❶ 미안해. 앞으로는 조심할게.
❷ 그러지 마. 친구를 존중해야 해. 생각이 달라도 들어주는 게 존중이야.

이때 ❶이라고 하면 안 돼요. 마음에도 없는 사과를 하는 건 옳지 않아요. 힘들어도 ❷라고 해야 해요. ❷가 나를 보호하는 말이에요. 방패와 다름없어요. ❷처럼 말하려면 '존중'이라는 낱말을 알아야 해요. '존중'은 교과서에서 배우는 개념입니다. 의견이 달라도 경청하고 이해하는 게 존중이에요. 그 낱말을 알면 공격하는 친구에게서 나를 지킬 수 있어요. 그 소중한 방패를 우리는 바로 교실에서 얻게 됩니다.

'민주주의'도 훌륭한 방패가 됩니다. 어린이 여러분은 한명 한명 굉장히 중요한 사람으로 여겨지고 있어요. 민주주의 사회이기 때문이죠. 노예, 평민, 귀족으로 나뉘어 살던 신분제 사회에서는 귀족과 그 아이만 소중했어요. 민주주의 사회에서는 달라요. 모든 국민이 나라의 주인이고 모든 어린이가 귀중해요.

툭하면 화내고 명령하시는 아빠에게는 이렇게 말씀드려 보세요. "민주적으로 대화하고 싶어요." 어린이와 부모가 똑같이 중요하니까 동등하게 대화하자는 뜻이에요. "아빠가 민주적이면 좋겠어요."라고 해도 좋아요. 혼자 결정하지 말고 어린이의 목소리에 귀를 기울여달라는 뜻이에요. 아빠가 주춤할 거예요. 앞으로는 민주적으로 대화하실 가능성이 높아요. 이 경우에는 바로 민주주의라는 낱말이 나를 지킨 건데 그 낱말을 어디에서 배울까요? 바로 학교와 교과서에서 배웁니다. 그 밖에도 인권, 생명, 배려, 약속, 규칙 같은 개념도 학교에서 배워요. 모두 나를 보호해주는 중요한 낱말들이에요. 이렇게 활용할 수 있어요.

"저도 인권이 있어요. 인권 침해하지 마세요."
"약속은 지켜야 해요. 누구라도 그래요."

학교에서 쓸데도 없고 의미도 없는 걸 배우는 것 같죠? 아니에요. 아까운 방패 낱말들을 놓치지 마세요. 내 것으로 만들어 두었다가 어이없는 상황에서 똑 부러지게 활용하세요.

3. 지식이 늘면 짜증이 줄어든다

짜증이 날 때가 있나요? 짜증은 언제 가장 크게 폭발하나요? 아마 잘못된 간섭을 받을 때일 겁니다. 누군가 옳지 않은 이유로 나를 가로 막으면 짜증이 날 수밖에 없어요. 그럴 때는 어떡해야 할까요? 화를 내나요? 소리를 지르면 폭발하나요? 모두 아닙니다.

누가 잘못된 간섭을 하면 그래서는 안 된다고 차분히 설명해야 해요. 설명하기 위해서는 바로 지식이 필요합니다. 지식에 기대어서 침착히 설명하면 상대를 설득할 수 있어요.

예를 들어볼게요. 아빠가 스마트폰을 못쓰게 막으려고 합니다. 여러분은 굉장히 짜증스러운 상황일 거예요. 이때는 설명을 잘 해드리는 게 중요해요.

아빠 스마트폰 좀 그만 써라. 너는 왜 하루종일 스마트폰 갖고 놀기만 하니?

아이 아빠! 오해예요. 스마트폰은 오락 기능만 있는 게 아니에요. 정보를 얻는 데도 스마트폰이 쓰여요. 또 친구들과 메시지를 주고받는 것은 중요한 커뮤니케이션이고요. 스마트폰 사용을 무조건 막는 건 옳지 않아요.

스마트폰에 여러 기능이 있다는 건 3학년 사회에서 배웁니다. 그 지식을 알려드리면 아빠는 내심 감탄할 걸요. "아니, 우리 아이가 이렇게 똑똑해? 앞으로는 간섭하기 힘들겠네. 하하하."라고 말이죠.

지식이 여러분에게 자유를 선물합니다. 옳지 않은 간섭이 줄고 짜증 때문에 낯빛이 어두워질 일도 줄어든다는 뜻이죠. 책에서 얻은 많은 지식을 활용해서 차분히 설명하고 설득하세요. 여러분은 표정이 밝은 자유인이 될 수 있을 겁니다.

4. 슈퍼히어로처럼 용기가 생긴다

공부를 하면 내 속에서 다른 변화들도 많이 일어납니다. 생각지도 못한 용기가 생겨납니다. 예를 들어볼게요. 부모님 없이 혼자 집에 있다고 생각해 보세요. 귀신이 나타날까 봐 무서워질 수도 있죠. 하지만 책 읽는 어린이에게 지식이 쌓이면 달라져요. 귀신 같은 건 없으니까 전혀 걱정 안 해도 된다는 걸 알게 되죠. 또 파란 신호등의 의미만 알아도 차가 무섭지 않아요. (하지만 차 조심해야 해요!) 많이 알수록 무서운 것이 사라지고 어린이는 용감해집니다. 공부가 용기를 주는 것입니다.

공부가 일으키는 또 다른 변화도 있어요. 공부하는 어린이는 무엇이 옳고 틀린지 알게 됩니다. 옳고 그름의 기준을 알면 언제나 분명하게 주장할 수 있어요. 예를 들어서 "전쟁을 일으키는 어른들은 나빠요. 가난하고 병든 어린이를 돕는 건 옳고요."라고 똑 부러지게 말할 수 있는 거예요. 멋있지 않나요?

공부를 하면 자기 통제력도 강해집니다. 마음과 행동을 다스리는 힘이 생기는 거예요. 우리 마음에는 망아지가 한 마리씩 있어요. 마구 뛰어다니며 소란을 피우는 망아지를 조용히 시켜야 공부할 수 있어요. 처음에는 그게 쉽지 않죠. 책상에 가만히 앉아 있는 게 어디 쉬운 일인가요. 하지만 마음을 가라앉히고 공부를 하다 보면 망아지 통제력이 생긴답니다. 마음과 행동을 내가 생각한대로 조절할 수 있게 되는 거예요. 박수를 받아야 마땅한 대단한 능력이죠.

원하는 대학에 가려고만 공부하는 게 아니에요. 공부를 하면 기분 상쾌한 일이 많이 생긴답니다. 나는 기대하지 못한 놀라운 능력을 갖게 되는 것이죠. 공부는 때때로 나를 괴롭히지만 나쁜 친구가 아니라 괜찮은 친구입니다. 뜻밖의 선물을 주는 산타클로스를 닮았다고 해도 되겠네요.

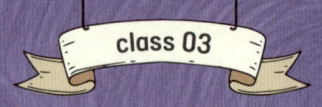

공부를 하면 행복해지나요?

Q. 우리 강아지는 행복한데 저는 불행해요. 다 공부 때문이에요. 매일 읽고 외우고 문제 푸는 게 힘들어요. 부모님이 공부하라고 잔소리하고 혼을 내시면 너무 힘들어요. 사람은 행복해야 하지 않나요? 우리 강아지처럼 신나게 뛰놀면서 행복하게 살고 싶어요.

A. 강아지처럼 살고 싶다고요? 그럴 수는 없어요. 그래서도 안 되고요. 먼저 말뜻 풀이부터 해볼게요. 행복이 무엇일까요? 기쁨을 느끼는 게 행복이겠죠. 행복해지는 건 사실 어렵지 않아요. 좋아하는 일만 하면 되니까요. 맛있는 음식이 혀에 닿으면 행복해져요. 유튜브나 게임도 우리를 금방 행복하게 만들죠. 또 친구나 가족과 까르르 웃으며 대화하는 것도 말할 수 없이 행복한 일이죠. 맛있는 걸 많이 먹고 게임도 열심히 하세요. 또 사랑하는 사람과 즐겁게 시간을 보내세요. 그렇게 좋아하는 일을 하면 걱정이 깨끗이 사라지고 기쁨만 마음에 남을 거예요. 그런 게 바로 행복이죠.

강아지와 다른 행복을 위해서 공부한다

그러면 공부는 어떨까요? 힘든 공부가 우리를 행복하게 만들까요? 공부를 열심히 하면 당장 좋은 것도 있어요. 칭찬을 듣거나 성취감을 느낄 수 있는 거예요. 하지만 공부는 현재의 행복보다는 미래의 행복을 위한 일이에요.

앗, 미안해요. 미래의 행복이라니, 너무 흔하고 지겨운 이야기인가요? 그러면 후다닥 바꿔 말해볼게요. 우리가 공부를 하는 건 강아지와는 다르게 살기 위해서예요. 귀여운 강아지처럼 살고 싶다고 했죠? 그런데 강아지와 어린이는 달라요. 아주 많은 차이가 나죠.

먼저 지저분한 이야기부터 할게요. 어린이는 화장실을 찾아 볼일을 보지만 강아지에게는 사실 세상천지가 화장실이에요. 어디서든 시원하게 일을 볼 준비가 되어 있는 거죠. 사람은 흉내 낼 수 없는 자유 정신이에요. 또 다른 차이도 있어요. 사람은 미래를 생각해요. 어린이도 재미있는 계획을 세우면서 지내죠. 하지만 강아지는 미래를 계획하지 않아요. "내일은 뭐하고 놀지? 올해는 또 무슨 일이 생길까?"와 같은 생각을 강아지는 하지 않는다는 말이에요. 어떻게 아느냐고요? 반려견을 연구한 많은 과학자들이 그렇게 설명하니까 믿어야겠죠 뭐. 아무튼 강아지가 내일을 걱정하지 않고 오늘만 생각하며 즐겁게 지낸다니 부럽기도 하네요.

그런데 우리가 주목할 것은 세 번째 차이점이에요. 사람에게는 세상이 신나는 놀이공원이고, 강아지에게는 집안이 가장 안전한 곳이에요. 물론 강아지도 밖에서 뛰어다니며 놀기도 해야죠. 하지만 혼자 산책을 가서는 안 돼요. 집밖에는 강아지에게 위험한 게 많기 때문이죠. 잘못하면 길을 잃고 사고가 나거나 굶주릴 수도 있어요.

어린이는 지금 당장은 강아지와 비슷해요. 집안이 편할 때가 많죠. 또 혼자 외출하는 걸 부모님이 말리세요. 그런데 10년 정도만 지나면 분명히 달라져요. 어린이는 홀로 자유롭게 세상을 날 수 있어요. 이 세상은 신나는 놀이동산이에요. 친구들과 맛있는 걸 먹고 원 없이 웃으며 실컷 이야기할 수 있어요. 누구의 간섭도 받지 않고 자유롭게 말이에요. 또 마음 내키는 대로 영화관과 콘서트에 가고 가슴 떨리는 해외여행도 떠날 수 있어요.

그리고 멋있는 직업도 갖게 되겠죠. 유명한 가수와 인터뷰하는 방송인이 될 수도 있고 과학자, 댄서, 작가, 유튜브 크리에이터가 되는 것도 가능해요. 여러분이 진심으로 원하기만 하면 모든 꿈이 이루어져요. 세상은 선물 상자가 주렁주렁 매달린 크리스마스트리와 같아요. 여러분이 지금은 상상도 못하는 기쁨과 꿈이 가득한 이 세상은 마법의 놀이공원입니다.

반려견은 여러분과 달라요. 반려견은 영원히 강아지예요. 몸이 자라 성견이 되어도 똑같이 아기처럼 귀엽죠. 그런데 어린이는 강아지와 달리 몸이 커지면 마음도 따라서 커집니다. 어린이는 곧 청년이 되어서 초등학생과는 전혀 다른 행복을 자유롭게 누리게 될 거예요. 아담한 집안이 아니라 드넓은 세상 속에서 말이죠.

마법처럼 살기 위해서 공부한다

그런데 놀라운 세상에서 행복하게 지내려면 필요한 게 있어요. 게임을 하려면 게임 규칙을 알아야 해요. 똑같아요. 세상에 발을 들이려면 세상에 대한 지식이 있어야 하는 거죠.

그 준비가 바로 공부입니다. 예를 들어 곱하기와 나누기를 알아야 아르바이트를 해서 용돈도 벌고 물건도 살 수 있어요. 사회 교과서는 세상의 규칙이 무엇인지 알려주죠. 국어와 영어는 다른 사람의 마음을 읽으며 대화하는 법을 가르쳐줘요. 공부는 날개입니다. 여러분이 날아서 즐거운 세상 여행을 할 수 있게 도와줍니다.

처음 질문으로 돌아가죠. 공부하면 행복해질까요? 당연히 그렇습니다. 공부는 행복을 위한 준비 과정입니다. 머지않아 어린이 여러분은 청년이 되어서 자신의 행복을 찾을 텐데, 그때 필요한 지식이 학교와 교과서와 책 안에 있답니다.

지금은 마법사 준비를 한다고 생각하면 될 것 같아요. 날아 다니고 변신하는 마법을 마음껏 쓰는 날이 곧 다가올 거예요. 신기한 마법 세상에서 신나게 놀아야 하니까 지금은 조금 힘들어도 마법 공부를 차근차근 해두는 게 좋은 겁니다.

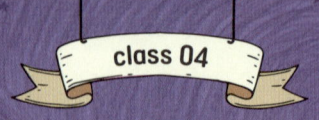

어려운 게 싫어요.
왜 이런 걸 배워야 하나요?

Q. 늪에 빠진 것 같아요. 선생님은 갈수록 어려운 걸 가르치세요. 아빠가 사주는 책도 점점 두꺼워지고요. 도대체 우리가 왜 어려운 걸 공부해야 하죠?

A. 오해하지 마세요. 공부가 어려운 건 여러분이 원해서예요. 어린이 자신이 쉬운 걸 싫어하니까 어려운 걸 가르칠 수밖에 없는 거예요.

사실 쉬운 문제는 여러분을 못 견디게 만들어요. 짜증 나게 만들죠. 믿을 수 없다고요? 아래 문제를 한번 풀어보세요.

$3 + 5 =$ $1 \times 4 =$ $10 \div 2 =$

쉬운 문제는 너무 괴롭다

40쪽의 문제 풀어봤나요? 초등학교 1학년도 쉽게 답할 수 있는 문제들이에요. 3~4학년이라면 견딜 수 없이 재미없을 게 분명해요. 너무 쉬워서 지루하고 이런 문제를 내가 왜 풀어야 하나 싶어서 기분이 나빠질 수도 있어요.

그러면 이번에는 수준을 조금 높여서 문장 이해력이 필요한 문제를 풀어볼게요.

과자가 5개 있었는데 채우가 2개를 먹었어요. 그럼 과자는 몇 개가 남았나요?

답을 말하기도 싫을 거예요. 속에서 불이 나고 화가 치밀 걸요. 너무 쉬우니까 그래요. 쉬운 것은 지루합니다. 쉬운 문제만 푸는 건 달디단 사탕만 열 개 스무 개 계속 먹는 것처럼 괴로운 일이에요.

그러면 아래 문제는 어떤가요?

소율이가 3살 때 오빠는 나이가 소율이의 두 배였다. 이제 소율이는 5살이다. 오빠는 몇 살일까?

오빠의 나이가 10살이라고 답하는 어린이들이 있을 거예요. 그러나 틀렸어요. 답은 8살이에요. 동생이 3살 때 오빠가 6살이었다면 3살 차이에요.

조금 재미있죠. 조금 어려우니까 조금 재미있는 거예요.

천재들도 틀리는 문제

이번에는 수준을 더 높입니다. 미국 예일 대학교의 셰인 프레데릭 교수님이 학생들에게 낸 문제를 한번 볼까요. 미국의 대학생들과 두뇌 대결을 해보자고요. 빨리 대답하세요.

야구 방망이와 공을 구입했는데 총 가격이 1만 1천 원이었다. 방망이는 공보다 1만 원 비쌌다. 공의 가격은 얼마일까?

아마 1천 원이라고 말하고 싶을 거예요. 하지만 틀렸어요. 공이 1천 원이면 방망이는 가격이 1만 1천 원이 됩니다. 이 경우 가격 총합은 1만 2천 원이 되어 버립니다.

답은 5백 원이에요. 야구공이 5백 원이고 방망이는 1만 5백 원이어야 해요. 이때 둘을 합치면 1만 1천 원이 됩니다. 오답을 말했다고 부끄러워하거나 실망하지 말아요. 위 문제는 미국 하버드 대학교나 MIT 의 공부 잘하는 대학생도 절반 넘게 틀렸다고 해요.

어떤가요? 재미있지 않나요? 문제를 틀리고 나면 재미가 더 커져요. 어려워야 재미있는 거예요. 신기한 일이죠.

어려워야 재미있고 머리도 좋아진다

왜 어려운 공부를 해야 하냐고요? 위에서 봤듯이 어려워야 재미있기 때문입니다. 쉬운 공부가 훨씬 더 괴로운 거예요. 게임 레벨 1을 매일 수십 번씩 반복하는 것과 똑같죠.

그리고 공부가 어려워야 머리도 좋아집니다. 초등학교 내내 1+3, 4+2와 같은 단순 계산을 배운다고 상상해 보세요. 머리가 좋아질 수가 없어요. 고작 초등학교 1학년의 지식수준으로 졸업하게 될 거예요. 여러분이 지금 더 똑똑해진 것은 조금 어려운 문제를 풀었던 덕분입니다. 혹시 어제 어려운 공부를 하느라 고생했나요? 수고했어요. 오늘 머리가 훨씬 좋아졌을 게 분명해요.

그러니까 이렇게 생각해 보세요. '공부는 원래 조금 어려운 것이다' 라고 말이죠. 또 '어려운 공부를 해야 재미도 있고 나의 IQ가 높아진 다'고 긍정적으로 생각해 보세요. 어려운 문제와 두꺼운 책을 조금은 용서하게 될 거예요. 그런데 주의할 게 있습니다. 너무 어려운 것은 절대 안 돼요. 너무 어렵다는 건 어떤 것일까요? 여러 번 읽어도 모르면 너무 어려운 거예요. 이해하려고 깊이 생각했지만 무슨 말인지 알 수 없어도 지나치게 어려운 것이고요.

그렇게 심하게 어려운 문제는 나빠요. 가만둘 수 없어요. 일러줘야 해요. 누구에게요? 선생님이나 부모님께 어렵다고 말씀드려야 하는 것이죠. 어렵다고 말하는 건 절대 부끄러운 게 아니에요. 옷이 너무 크다고 말하는 것과 같아요. 어려운 걸 아는 척 하는 것이 훨씬 해로워요.

저는 어릴 때 친구들이 웃을까 봐 궁금한 게 있어도 말을 못했어요. 모르면서도 다 아는 척 고개를 끄덕였어요. 그랬더니 나중에는 모르는 게 산처럼 쌓여서 얼마나 고생했는지 몰라요.

아무도 놀리지 않으니까 걱정 말고 말씀드려 보세요. "이거 모르겠어요. 좀 더 쉽게 설명해주실 수 있나요?"라고 말이에요. 선생님과 부모님이 친절히 도와주실 거예요.

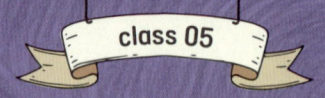

어른들은 어릴 때 공부가 좋았나요?

Q. 어른들은 복제 인간인가요? 다들 똑같이 말해요. 공부 열심히 하라고요. 엄마, 아빠, 할아버지, 할머니, 삼촌, 이모 그리고 옆집 아줌마도 똑같아요. 지난번에는 친하지도 않은 편의점 아저씨가 "너는 공부 열심히 하니?"라고 물으신 적도 있어요. 스트레스가 몰려와서 컵라면을 반만 먹고 자리를 떴어요.

궁금해요. 그러는 어른들은 어릴 때 공부를 열심히 했나요? 또 공부가 그렇게 좋았나요? 어른들의 비밀을 알려주세요.

A. 어른들은 복제 인간이 아니에요. 서로 완전히 다른 사람들입니다. 그런데 공부에 대해서는 똑같이 말해요. "공부 열심히 해야 한다."고 합창을 하죠.

얼굴은 다른데 하는 말은 똑같다니 참 신기하고 이상한 일이에요. 같은 반 아이들의 스마트폰 벨 소리가 모두 똑같으면 얼마나 이상할까요. 그것과 다를 게 없어요.

공부 열심히 하라고 말하는 어른들은 어릴 때 어땠을까요? 좋아서 열심히 했을까요? 아니에요. 대부분의 어른들도 어릴 때 공부를 좋아하지 않았어요. 저와 제 친구들은 분명히 그랬어요. 학교 가는 것부터 싫었죠. 방학이 끝나가면 눈앞이 깜깜했던 걸 아직도 기억해요.

4학년 때 담임 선생님이 깜짝 놀랄 말씀을 하셨던 적이 있어요. "너희만 그런 줄 아냐? 나도 방학이 끝나가면 슬퍼져. 너희랑 다를 게 없어. 그러니까 우리는 동지야. 크크크."라고 하셨던 것 같아요. 그때처럼 선생님이 가깝게 느껴졌던 적이 없어요. 마음이 딱 맞는 친구 같았어요. 선생님이 좋은 친구라니 묘하고 기분이 좋았어요.

아무튼 그래요. 어른들도 어릴 때 공부를 안 좋아했다고 보면 돼요. 여러분의 엄마, 아빠, 할아버지, 할머니, 삼촌, 이모라고 해서 다르지 않을 거예요. 특별히 공부를 좋아한 몇몇 친구들도 있었지만 대부분의 옛날 어린이들에게 공부는 무척 하기 싫은 일이었던 것이죠.

그런데 저는 커서 나도 모르게 거짓말을 하고 말았답니다. 세월이 흘러서 어른이 되고 학생들에게 이렇게 말한 적이 있어요. "나는 어릴 때 공부가 재미있었어. 어려운 책도 차근차근 읽으면 공부하는 재미를 느끼게 되더라. 너도 노력해 봐. 공부를 좋아하게 될 거야."

학생을 위해서였지만 말하면서 속으로는 뜨끔했어요. 가끔 교과서가 재미있고 공부가 좋았던 순간이 있었지만, 대체로는 공부가 좋지 않았으니까요. 그런데도 공부를 사랑한 모범생인 척 했던 거예요. 저는 지금이라도 그 학생에게 사과해야 할 것 같아요.

옛날 어린이들이 공부한 네 가지 이유

저를 포함한 대부분의 어른들이 어릴 때 공부를 싫어했지만 공부와 담을 쌓지는 않았어요. 열심히 공부한 것도 사실이에요. 왜 그랬을까요? 싫어하는 공부를 했던 이유는 네 가지 정도입니다.

첫 번째는 부모님이 무서워서였어요. 제가 어렸던 옛날에는 지금보다 부모님들이 훨씬 엄격했어요.

아이가 공부를 하지 않으면 혼내는 것도 모자라 때로는 종아리도 때리셨죠. '사랑의 매'라고 좋게 꾸몄지만 매 맞는 어린이는 사랑을 조금도 느낄 수 없었어요. 얼마나 아프고 무서웠는지 몰라요.

솔직히 부모님은 화내지 않아도 무섭잖아요. 노려보거나 목소리를 높이기만 해도 어린이들은 오싹해지는 게 당연해요. 시키면 시키는 대로 책상에 붙어 있을 수밖에 없었던 거죠.

공부가 싫었지만 열심히 했던 두 번째 이유는 부모님을 사랑했기 때문이에요. 저는 엄마 아빠의 마음을 아프게 하고 싶지 않았어요. 공부를 하지 않으면 부모님이 큰일이라도 난 것처럼 걱정하셨어요. 어린이들은 눈치가 빠르죠. 엄마가 뒤돌아서 조용히 한숨을 쉬어도 어린이는 다 알아요. 어린이는 공부가 싫어도 부모님 마음이 아픈 건 더 싫어서 책을 펼칩니다. 저와 친구들이 다 비슷했던 것 같아요.

세 번째로 인정받고 싶어서 공부를 했어요. 부모님의 인정과 칭찬은 초콜릿처럼 달콤해요. 높이 치켜세워주는 선생님이나 친구들 때문에도 공부를 열심히 했어요.

네 번째로 가끔이지만 공부가 재미있을 때가 있었어요. 세계의 수도를 척척 맞히고는 뿌듯했고, 수천 년 전에 곰이 사람으로 변했다는 전설은 믿을 수 없으면서도 신기했어요.

비율로 정리를 해볼게요. 제가 초등학교 때 공부한 이유를 백분율로 나눌 수 있어요. 부모님이 무서워서 40퍼센트, 부모님을 사랑해서 30퍼센트, 인정받고 싶어서 20퍼센트, 공부가 좋아서 10퍼센트였습니다. 미래의 대학 진학이나 취업 생각은 안중에 없었던 것 같아요.

어른들을 대표해서 고백합니다. 어른들도 어릴 때 공부를 그다지 좋아하지 않았어요. 주로 부모님이 무섭거나 부모님을 사랑하기 때문에 공부를 했다고 말해야 맞는 것 같아요. 공부가 너무도 좋아서 공부에 빠졌던 것은 아니에요.

이제 여러분 이야기를 해볼까요? 어린이 여러분이 공부를 하는 이유는 무엇인가요? 답하기 어려울 테니까 보기를 내볼게요.

❶ 부모님이 시켜서
❷ 용돈과 장난감을 원해서
❸ 인정받으려고
❹ 가치 있는 어른이 되려고
❺ 유명한 대학에 가려고
❻ 친구들도 다 하니까
❼ 이유도 없고 생각도 없이
❽ 공부가 재미있어서
❾ 안 하면 부모님과 선생님께 혼나니까
❿ 내 삶을 사랑하니까

위에서 몇 가지나 여러분에게 해당되나요?

아니면 또 다른 이유가 있나요?

공부하는 이유에 대해 부모님과 이야기를 나눠보세요. 마음이 통하는 즐거운 대화를 할 수 있을 겁니다.

class 01
저의 재능과 미래 직업을 알 수 있나요?

Q. 엄마 아빠가 가끔 말씀하세요. "너는 꿈이 없니?"라고요. 저도 답답해요. 제가 뭘 잘할 수 있을지 모르겠어요. 제게 재능이 있기라도 한 건가요? 재능이 있다면 저에게 맞는 미래 직업은 뭔가요? 그런 걸 알아야 공부를 하든 말든 할 것 같아요.

A. 그래요. 어린이가 자기 재능을 알아내는 건 쉬운 일이 아니죠. 실은 대학생들도 뭘 잘할 수 있는지, 또 어떤 직업을 택해야 할지 몰라서 한숨 쉬고 고민한답니다. 그래도 재능 파악이 영 불가능한 것도 아니에요. 좋은 길잡이를 알아두면 도움이 됩니다. 사람에게는 언어 재능, 수학 재능, 음악 재능, 운동 재능 등 재능이 여덟 가지씩이나 있다고 해요. 미국의 유명한 심리학자 하워드 가드너의 설명을 참고해서 말씀드릴게요.

1. 언어 재능

'쓰기 전에 반드시 깨야 하는 것은?' 계란입니다. 그런 수수께끼나 낱말 퍼즐이 재미있나요? 재미있는 글이 요리처럼 맛있나요? 시를 읽다가 감동하거나 즐거울 때가 있나요? 선생님이 하신 어떤 말을 오랫동안 또렷이 기억하나요? 그렇다면 언어 재능이 있는 어린이입니다.

  나중에 글을 잘 쓰거나 말을 잘해야 하는 직업을 택하면 좋아요. 구체적으로는 작가, 법률가, 정치인, 아나운서, 교사, 강사, 기자가 어울립니다. 언어 재능은 글자를 먹고 자란답니다. 독서와 글쓰기를 많이 할수록 우리의 언어 재능이 더 강력해지는 것이죠.

2. 수학 재능

두 번째는 수학 재능입니다. 도형 문제가 어렵지 않나요? 숫자를 좋아하나요? 더하고 빼고 곱하는 게 즐겁나요? 또 그래프나 표를 그리는 게 쉽나요?

  수학 재능이 있는 어린이는 과학자, 컴퓨터 프로그래머, 회계사, 은행원, 수학자 같은 직업이 어울립니다.

  수학이 싫다고요? 수학 재능이 전혀 없는 게 확실하다고요? 아직 몰라요. 지금은 싫어도 다음 달이나 내년부터 숫자를 사랑하게 될지도 모르니까 미리 판단하지는 마세요.

어렵다고 해서 일찌감치 수학을 포기해서는 안 된다는 뜻이에요. 기다려보세요. 자신에게 시간을 주어야 해요.

3. 음악 재능

음악 재능이 있는 어린이는 노래와 악기 연주하기를 즐깁니다. 또 악보를 읽는 게 어렵지 않고 흥미로워요. 음악 듣기도 아주 좋아합니다.

음악 재능이 뛰어난 어린이는 음악가, 연주자, 지휘자가 될 수 있어요. 그렇다고 꼭 음악 무대에 서야 하는 건 아니에요. 음악 재능은 다른 분야에서도 쓰입니다. 음악 선생님이 될 수 있어요. 또 영상물 음악 감독도 어울립니다. TV 드라마나 광고에는 음악이 많이 쓰이잖아요. 영화도 그렇고요. 장면에 맞는 음악을 선택하려면 음악 재능이 뛰어나야 해요. 음악 재능이 있는 어린이는 음악이 필요한 무대, 교단, 영상물 제작 현장에서 활약할 수 있는 겁니다.

4. 운동 재능

운동 재능을 가진 어린이도 많아요. 몸이 빠르며 균형을 잘 잡고 유연하죠. 운동, 춤, 연기를 좋아해요. 또 손재주가 뛰어나서 물건을 잘 만들고 잘 고치죠.

운동 재능이 뛰어난 어린이는 운동선수나 안무가가 어울립니다. 또 피아니스트, 드러머, 기타리스트처럼 동작이 정확하고 빠른 악기 연주자가 될 수 있어요. 발명가, 사진가, 예술가로도 적합하고 손을 써서 수술을 하는 외과 의사도 어울립니다.

5. 공간 상상 재능

다섯 번째는 공간 상상 재능입니다. 이 재능이 뛰어난 어린이는 종이에 그림을 그리듯이 텅 빈 공간에 상상의 그림을 그릴 수 있어요. 예를 들어 내 방의 침대와 책상을 여기저기로 옮기면 어떨지 머리에 그림이 그려지는 것이죠. 또 크고 아름다운 건물 그림을 쉽게 상상해서 그려냅니다. 블록을 쌓아서 놀라운 것을 만들고 점토로 상상 못한 동물을 창조해내는 능력도 있어요.

상상력이 풍부한 어린이는 나중에 건축가, 조각가, 다양한 분야의

디자이너, 공예가가 될 수 있어요. 또 광고 제작자, 항공기 조종사가 될 재능도 있고 작가, 발명가, 기획자도 될 수 있답니다.

6. 남의 마음을 아는 재능

여섯 번째는 남의 마음을 아는 재능이에요. 말, 표정, 행동을 보고서 친구가 슬픈 걸 금방 알아채고 위로하는 어린이가 있어요. 또 어떤 어린이는 부모님과 선생님의 마음을 기쁘게 하는 말을 잘해요. 그런 어린이가 남의 마음을 읽는 재능을 가진 거예요.

　나중에 자녀의 마음을 잘 이해하는 좋은 부모가 될 수 있어요. 또 학생들을 잘 가르치는 교사, 사회 제도와 사회 심리를 연구하는 사회학자, 소비자의 마음을 알아야 하는 상품 판매인, 대중의 마음을 움직이는 배우, 아픈 마음을 치유하는 심리 치료사 등이 어울리는 직업입니다.

7. 나의 마음을 아는 재능

자신의 마음을 잘 아는 어린이도 있죠. 그런 어린이는 자신의 장단점을 잘 파악해요. 또 자기가 슬픈지 기쁜지 내면의 감정을 금방 알아낼 수 있고 자기 마음을 통제하는 힘도 강하죠.

자신의 마음을 아는 어린이는 감동적인 이야기를 쓰는 소설가가 어울려요. 깊은 생각에 빠져드는 철학자나 과학자도 될 수 있다고 해요. 그리고 자기 마음을 잘 알면 남의 마음도 잘 이해할 테니까 정신과 의사도 어울려요. 또 연예인도 될 수 있어요. 자기 이야기를 노래로 만들고 부르는 작곡가와 가수가 맞는 직업입니다.

8. 자연 관찰 재능

마지막 여덟 번째 재능은 자연 관찰 재능입니다. 동물, 식물, 환경을 예민하게 관찰할 수 있는 능력을 뜻해요. 그런 재능이 있으면 동물에 대해 배우는 걸 좋아해요. 아울러 자연의 변화나 환경 보호도 관심의 대상이죠.

자연 관찰 재능이 뛰어난 어린이는 날씨를 연구하는 기상학자가 될 수 있어요. 동물학자, 식물학자도 어울리고 약을 공부하는 약학자, 지질학자, 환경 운동가, 원예전문가 등도 적합한 직업입니다.

우리는 여기서 중요한 사실을 알 수 있어요. 사람의 재능은 다양해요. 수학과 영어를 잘한다고 최고가 아니에요. 음악과 운동 능력도 아주 중요해요. 또 내 마음과 남의 마음을 아는 능력도 가치가 높아요. 그리고 보통은 한 어린이에게 여러 가지 재능이 있다는 것도 기억하세요. 내가 언어 재능과 수학 재능을 모두 갖추었을지도 몰라요. 또 운동 재능과 공간 상상 재능을 함께 가졌을 수도 있고요.

여러분에게는 어떤 재능이 숨어 있을까요? 또 그것을 어떡해야 찾아낼 수 있을까요? 많은 경험이 필요해요. 놀고 달리고 읽고 쓰고 생각해야 해요. 그러다 보면 내가 뭘 잘하고 나만의 재능은 무엇인지 알게 될 겁니다. 어느 날 내 속에서 보석처럼 빛나는 나만의 재능이 보여서 깜짝 놀라게 될 거예요. 조금만 기다리면 돼요. 그때까지 열심히 놀고 열심히 배워야 한다는 것을 잊지 마세요.

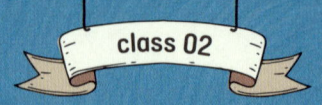

머리가 너무
나쁜 것 같아 속상해요

Q. 저는 왜 이렇게 머리가 나쁠까요. 같은 설명을 듣고도 친구들은 잘 기억하는데 저는 금방 잊어버려요. 그렇다고 이해력이 좋으냐면 그것도 아니에요. 남들이 척척 알아듣는 것도 저는 이해하기 힘들 때가 많아요. 저는 머리가 나쁜 게 분명해요. 지능이 높지 않으면 공부를 해도 소용 없는 거 아닌가요?

A. 지능이 돌멩이일까요? 돌멩이처럼 크기가 변하지 않는 게 지능일까요? 아닙니다. 지능은 묘목 그러니까 어린나무 같은 거예요. 보살피고 가꾸면 까마득하게 높이 자랄 수도 있어요.

공부하면 머리가 좋아진다

꼭 기억하세요. 지능은 변합니다. 공부를 하면 지능이 높아져요. 수학 계산을 하고 책을 읽고 대화를 나누면 뇌가 성장합니다. 신나게 많이 뛰어노는 어린이가 건강해지듯이 새로운 걸 많이 배우는 어린이의 지능이 높아지는 것이죠. 그건 저의 주장이 아니라 수많은 뇌과학자가 공통으로 내놓는 의견입니다.

머리가 나빠서 공부를 못한다고요? 거꾸로 생각하고 있어요. 공부를 안 하면 머리가 나빠집니다. 공부를 하면 머리가 좋아지고요. 달리 말해서 배우기를 그만두면 머리가 나빠져요. 더 많이 배우면 머리가 더 좋아지는 것이고요.

아무런 걱정 마세요. 초등학생은 학교생활을 열심히 하면 됩니다. 재미있는 책을 많이 읽고 좀 까다로운 역사 지식을 배우고 다소 복잡한 수학 문제도 풀어봐요. 친구들과 토론하고 수다도 떠세요. 그러는 사이에 점점 머리가 좋아질 테니 걱정할 이유가 하나도 없어요.

그리고 잊지 말아야 할 게 또 있어요. 지능에는 종류가 아주 많답니다. 기억력, 이해력, 분석력, 창의력, 적용 능력 등으로 구분할 수 있어요. 또 과목별 지능으로 분류하는 것도 가능해요. 어떤 어린이는 국어를 잘하는 지능이 있고 또 다른 어린이는 수학 지능이 높아요. 역사나

사회를 좋아하는 친구도 있고 미술과 음악 등 예술적 재능이 있는 어린이도 있습니다.

그렇게 많은 종류의 지능을 한 사람이 모두 가질 수 없다는 게 중요합니다. 천재라도 다 갖추기는 어려워요.

아인슈타인의 부끄러운 비밀

알베르트 아인슈타인을 예로 들어볼게요. 그는 이 세상 최고의 천재라고 인정받습니다. 수학, 과학, 영어 등 못하는 게 없었어요. 바이올린 연주 실력도 수준이 높았고 글도 굉장히 잘 썼죠. 그런데 그에게는 비밀이 있어요. 보통 사람보다 부족해도 너무 부족한 면이 있었던 거예요. 평범한 기억력은 꼴찌 수준이었어요.

아인슈타인이 미국 프린스턴 고등연구소에 근무할 때였어요. 한 남자가 연구소로 전화를 해서 아인슈타인 박사의 집 주소를 알 수 있느냐고 물었어요. 어림없는 소리죠. 개인 정보를 보호해야 하니까 집 주소를 아무에게나 알려줄 수는 없었어요. 전화 받은 사람이 거절했더니 전화기 너머에서 남자가 속삭이듯이 말했어요.

"이건 아무한테도 말하지 말아주세요. 저는 아인슈타인 박사입니다. 집으로 가고 있는데요. 제집이 어디인지 기억이 나지 않아요."

천재 아인슈타인도 완벽하지 않았어요. 아인슈타인은 자기 집도 잊어버리는 사람이었어요. 5살짜리 어린이도 자기가 사는 집을 잊어버리기는 어렵잖아요? 뿐만 아니에요. 아인슈타인은 집 전화번호도 수첩의 메모를 보고 말했던 것으로 유명합니다.

누구에게나 단점이 있답니다. 학생이 모든 과목을 다 잘할 수는 없어요. 또 천재라고 해도 이해력, 기억력, 분석력, 적응 능력, 상상력 등 모든 지적 능력을 모조리 다 갖는 것도 불가능에 가까워요.

사실은 완벽할 필요가 없어요. 아인슈타인을 보세요. 머리에 텅 빈 곳이 있지만 자기 분야에서 큰 업적을 남겼잖아요.

그러니까 두 가지를 기억해야 합니다.

먼저 머리가 좋아야 공부를 하는 게 아닙니다. 공부를 하면 머리가 좋아집니다. 수학이나 국어 문제를 푸느라고 낑낑거리는 사이에 여러분의 지능이 몰래몰래 자라나는 거예요. 오늘 어려운 문제를 풀었다면 거실에서 이렇게 외쳐보세요. "오늘 내 머리가 더 좋아졌다! 만세!" 엄마 아빠의 눈이 휘둥그레지겠죠.

두 번째로 아무리 머리가 좋아도 완벽할 수는 없어요. 천재도 모르는 게 꼭 있어요. 그러니까 여러분이 모르는 게 있어도 괜찮아요. 공부한 걸 금방 잊어버려도 문제가 아니에요. '나만 머리가 나쁘다'라고 좌절하지 말고 '누구나 까먹는 거다'라고 생각하면서 공부를 다시 하면 되는 겁니다. 아인슈타인은 어릴 때 자기가 천재적인 물리학자가 될 거라고 상상 못했을 겁니다. 어린애가 뭘 알겠어요? 하루하루 공부하고 놀면서 지내기밖에 더 했겠어요? 여러분도 아인슈타인처럼 살아가면 됩니다.

놀고 공부하세요. 재미있게 놀아야 하고 열심히 공부해야 해요. 그러다 보면 저절로 현명한 어른으로 성장할 거예요.

쉬지 않고 공부만 하면 엄청 똑똑해질까요?

Q. 저는 엄마 아빠의 표정을 조종할 수 있어요. 제가 공부를 하면 부모님 얼굴이 밝아지지만 잠깐이라도 쉬면 얼굴이 깜깜해져요. 저는 부모님을 실망시키기 싫어요. 기쁘게 해드리려면 정말 종일 공부를 하는 척이라도 해야 할까요?

A. 아뇨. 자주 쉬어야 합니다. 하루 종일 공부만 하면 오히려 걱정하실 거예요. 쉬지 않으면 건강에 무척 해로울 뿐 아니라 성적이 도리어 뚝뚝 떨어질 수 있기 때문입니다. 공부를 잘하기 위해서는 무엇보다 잘 쉬어야 해요.

그건 교육학자나 뇌과학자들이 이구동성으로 하는 이야기인데 잘 모르시는 부모님이 적지 않아요. 또 알고는 있어도 마음이 따라주지 않을 때도 많아요.

사실 저도 그랬어요. 입으로는 저의 아이에게 "잘 쉬어야 공부도 잘하게 된단다."라고 멋있게 말해줬죠. 그런데 마음은 달라요. 아이가 책을 덮고 쉬는 시간이 10분 정도 흐르니 걱정이 시작됩니다. 20분이 지나면 괴로워요. 30분이 넘었는데 쉬고 있으면 짜증이 나서 속이 부글부글 끓다가 결국 "너 공부는 안 할 거냐?"라고 잔소리를 쏟아냈습니다. 쉬라고 말해놓고 쉬지 못하게 했으니 완전히 언행불일치네요. 웃기죠? 세상의 많은 부모님이 비슷하답니다.

자녀의 휴식을 걱정하는 부모님이 아시면 좋은 사실이 있어요. 어린이가 쉬어도 어린이의 뇌는 쉬지 않아요.

여러분이 허공을 바라보거나 음악을 들으며 쉬는 동안에 뇌도 따라서 쉴까요? 아니에요. 뇌는 바빠요. 뇌는 개미보다 훨씬 더 부지런합니다. 우리가 정신을 빼고 있어도 뇌는 적어도 세 가지 일을 합니다.

❶ 배운 것을 정리한다.
❷ 창의적인 생각을 한다.
❸ 다시 집중할 에너지를 충전한다.

이게 무슨 소리일까요? 하나하나 살펴보겠습니다.

1. 쉬면서 쓱싹 머릿속 정리

때때로 정신줄을 놓아주세요. 그러는 동안 뇌는 오늘 배운 것을 스스로 정리합니다. 예를 들어서 '배려'라는 단어를 배웠다고 해볼까요. 내가 정신을 놓고 있어도 뇌가 스스로 생각합니다. 나는 배려가 많은 사람인가, 친구가 나를 배려해 준 일은 무엇인지 등등 온갖 생각을 하죠. 그러는 사이 '배려'의 뜻을 복습하고 정리하게 됩니다. 굉장하죠!

이해가 안 된다고요? 그러면 친구가 '바보'라고 놀렸다고 가정해봐요. 나는 잊기로 마음 먹었는데도 자꾸 떠올라요. 머릿속에서 바보, 바보, 바보라고 메아리쳐요. 뇌가 '바보'라는 낱말을 복습하는 것입니다.

우리가 아무 생각을 하지 않을 때 뇌는 보거나 들은 것을 복습하고 정리합니다. 그러니까 쉴 때는 마음 푹 놓고 쉬면 되는 거예요.

2. 놓지마! 창의성

우리가 쉬는 동안 뇌는 창의적인 생각도 합니다. 산책을 하거나 샤워를 하다가 중요한 아이디어가 번쩍 떠오를 때가 있어요. 밥 먹느라 정신을 팔고 있는데 고민이 딱 해결되는 경험도 흔해요. 그건 우리가 생각해 낸 게 아니에요. 우리는 정신을 놓고 있는데 뇌가 창의적인 생각을 해서 귀띔해준 것들입니다.

　쉬어야 해요. 쉬어야 창의적인 아이디어가 떠오릅니다. 역사적 인물 중에도 증인이 있어요. 사과가 떨어질 때 영국의 물리학자 아이작 뉴턴은 쉬고 있었고, 부력의 원리를 깨닫고 "유레카!"라고 외쳤던 그리스의 과학자 아르키메데스도 목욕을 하며 쉬고 있었어요.

　하루 종일 쉬지 않고 공부만 하면 뇌의 창의성을 훼손하는 것과 같아요. 쉰다고 야단치는 엄마 아빠에게 말씀드리세요. 가만히 쉬고 있어야 뇌가 창의성을 발휘하게 된다고요.

3. 집중 에너지 뿜뿜!

　푹 쉬는 동안 뇌가 다시 집중할 에너지를 충전합니다. 잠자고 일어나면 공부가 더 잘됩니다. 산책한 후에 집중력이 높아지고요. 쉬어야 다시 공부를 할 수 있습니다.

　쉬지 않고 공부만 하면 안 됩니다. 좋지 않은 일이 생기기 때문이죠. 우선 뇌가 복습할 시간을 빼앗는 셈이에요. 또 창의성을 떨어뜨리고 집중할 에너지도 방전시킵니다. 그러니까 공부만 해서는 안 되는 것이죠. 충분히 쉬는 어린이가 공부도 더 잘하게 됩니다.

쉬면서 하면 좋은 일 리스트

그러면 어떻게 쉬어야 할까요? 교육전문가들이 많이 추천하는 방법을 소개할게요.

- ★ 좋아하는 음악 듣기. 케이팝도 좋고 클래식도 좋아요
- ★ 따뜻한 햇볕을 받으며 동네 한 바퀴 산책하기
- ★ 주말에 뭘 하면서 놀지 계획하기
- ★ 딱 20분 동안만 재미있는 책 읽기
- ★ 딱 10분 동안만 친구와 문자 하기
- ★ 유튜브 영상 하나만 보기. 한 시간짜리 영상은 안 되고요
- ★ 시원하게 세수하거나 따뜻하게 샤워하기
- ★ 멍 때리기

모두 기분 좋은 휴식 방법이지만 '멍 때리기'도 재미있는 휴식 방법이라는 거 여러분도 아시죠? 허공을 바라보면서 입을 약간 벌리고 눈에 힘을 빼고 있으면 된답니다. 벽을 봐도 좋고 방바닥이나 발끝 쪽으로 시선을 던져도 되죠. 그렇게 정신을 빼고 있으면 머릿속에서 창의성과 에너지가 샘솟게 될 거예요.

그런데 조심해야 하는 휴식 방법도 있어요. 컴퓨터 게임을 하거나

TV 보기도 휴식으로 좋지만 잘못하면 시간을 다 빼앗길 수 있어요. 짧게 해야 합니다. 뇌를 쉬게 하는 시간은 10분 정도가 좋다고 합니다. 너무 오래 쉬면 다시 집중한 상태로 돌아가기 어려우니까요.

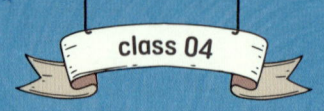

어떻게 해야
공부 자신감이 생기나요?

 저는 공부를 못해요. 사회는 조금 잘하는데 다른 과목들은 많이 약해요. 아무에게도 말하지 않았지만 저는 공부하는 게 무서워요. 잘할 자신도 없는 공부를 해야 해서 두렵고도 슬퍼요. 어떡하죠?

 어떡하긴요. 방법은 간단해요. 무서워하지 않으면 되는 거예요. 사실 무서워할 이유가 없어요. 공부를 못한다고 괴물이 나타나서 잡아 먹는 건 아니거든요. 수학이나 영어 문제를 좀 못 풀어도 얼마든지 행복하게 살 수 있어요. 겨우 성적 그까짓 게 여러분을 해치지 못해요. 여러분은 그렇게 하찮지 않거든요.

공부를 하지 말라는 게 아니에요. 두려움을 버리고 공부하라는 뜻입니다. '성적이 어떻든 상관없다. 나는 최선을 다할 뿐이다'라고 시원하게 마음 먹고 정성스레 공부를 하면 전혀 두렵지 않을 거예요.

거기다가 자신감을 더하면 아주 좋아요. 자신감은 나를 믿는 마음입니다. 내가 공부를 잘할 수 있다고 믿는 마음이 공부 자신감이고요.

무서움은 버리고 공부 자신감은 챙기세요. 그런데 어떻게 하면 공부 자신감이 생길까요. 방법이 있답니다.

1. 작은 발전도 자랑스러워한다

먼저 작은 발전도 자랑스럽게 생각해야 해요. 집에서 문제를 풀거나 학원에서 시험을 봤다고 가정해 볼게요. 지난번에 50점을 받았는데 이번에 100점이라면 자신감이 생기겠죠. 앞으로 공부를 잘할 거라고 단단히 믿게 될 겁니다.

야호. 50점이나 올랐다. 나는 앞으로도 공부를 잘할 게 분명하다. 나는 천재다. 신난다!

그런데 사실 50점씩 점수가 급상승하는 건 아주 드물어요. 천재가 아니고시는 그런 기적을 이루기 어려워요. 원래 성적은 조금조금 나아집니다. 한 계단씩 올라가는 것만 해도 아주 훌륭해요.

큰 변화가 아니어도 돼요. 지난번에 70점 받았고 이번에 75점이면 대단한 향상입니다. 박수를 받아야 해요. 작은 발전도 아주 소중한 거니까 스스로 칭찬해주세요. 이렇게 외쳐보세요.

야호. 나 5점이나 올랐다. 조금 올랐지만 앞으로 계속 점수를 올리면 돼! 나는 자신 있어!

5점 향상도 훌륭해요. 작은 발전만 이뤘어도 자신을 칭찬하고 응원하는 게 마땅해요. 그렇게 하면 놀라운 일이 일어납니다. 자꾸 성적이 오르는 '성적 상승 순환'이 시작되는 거예요.

그러면 점수가 5점 떨어졌을 때는 어떡해야 할까요? 자신에게 괜찮다고 말해주면 됩니다. 정말 괜찮아요. 피겨 스케이팅의 여왕도 시합 때 엉덩방아를 찧는 일이 있어요. 올림픽 금메달리스트도 달리다 넘어지죠. 축구 천재도 슬럼프를 피할 수 없어요.

이 세상에 항상 언제나 매일 잘할 수 있는 사람은 하나도 없어요. 실패해도 괜찮아요. 가라앉았으면 다시 떠오르고 넘어지면 다시 일어나면 되는 거예요. 점수가 떨어졌어도 툭툭 털고 일어나세요. 아무렇지도 않으니까 다시 시작하자고 자신을 다독이세요. 그러면 점수를 다시 올릴 수 있을 거예요.

2. 점수 말고 공부 태도를 스스로 칭찬한다

게다가 점수가 전부는 아니에요. 점수 말고도 중요한 것들이 많아요. 예를 들어서 집중력이 높아졌다면 그건 점수 향상만큼이나 좋은 일이니까 자랑스러워해야 마땅해요.

어제는 20분 동안 집중해서 공부했는데, 오늘은 집중 시간이 30분으로 늘었다고 해봐요. 30분 동안 스마트폰에 손대지 않았어요. 또 괜히 일어나 이리저리 돌아다니지 않았던 거예요. 그렇게 30분 동안 문제 풀기만 집중했다면 대단한 일이에요. 자축해야 옳아요. 엄마 아빠에게 가서 이렇게 자랑해 보세요.

엄마 아빠. 저의 집중력이 좋아졌어요. 오늘은 30분 동안 스마트폰도 안 만지고 문제만 풀었어요. 이제 저는 공부를 더 잘하게 될 것 같아요. 기분이 좋아요!

엄마 아빠도 기뻐하실 겁니다. 공부 자신감을 갖게 된 어린이에게 박수를 보내면서 환하게 웃으실 거예요. 집중력만큼이나 미루지 않는 태도도 중요하죠. 예를 들어 어제는 숙제하기 싫어서 30분 동안 밍기적 거렸어요. 게임하고 TV도 보고 SNS도 하면서 숙제를 미루기만 했어요. 그런데 오늘은 숙제를 빨리 끝내고 가벼운 마음으로 놀았어요. 그렇다면 얼마나 훌륭한가요. 공부 태도가 좋아진 거예요. 자신을 칭찬해주세요.

와. 대단하다. 오늘은 숙제를 즉시 시작해서 빨리 끝냈다. 나는 훌륭한 것 같다.

나날이 향상되는 학습 태도를 스스로 칭찬하다 보면 자연히 자신감도 샘솟게 될 거예요. 마음이 튼튼한 어린이가 되는 건 시간 문제예요.

3. 소중한 자존감을 높인다

위에서 말한 것을 정리해 볼게요. 자신감을 가지려면 자기에게 어떤 말을 해줘야 하나요? 속으로 생각해도 좋고 아니면 크게 외쳐도 돼요.

와! 5점 올랐다. 작은 발전도 소중한 거야. 내가 잘했다.
어제보다 10분 더 집중해서 공부했다. 나는 점점 나아지고 있다.
오늘은 미루지 않고 숙제했다. 내가 멋있어졌다.

그런데 공부 자신감을 높이는 가장 중요한 방법이 하나 남아 있습니다. 바로 자존감을 높이는 것입니다.

자존감은 자신이 소중하다고 믿는 마음이에요. 자신은 소중하니까 사랑을 듬뿍 받아야 마땅하다고 믿으면 자존감이 높은 거예요.
퀴즈를 내볼게요. '외모가 뛰어나야 소중한 어린이다'라고 누가 주장했어요. 그 생각이 맞을까요? 아니에요. 틀려도 완전히 틀렸어요. 모든 꽃이 아름답듯이 모든 사람이 제각각 아름다워요. 그러니까 누가 더 예쁘다는 생각부터가 말이 안 되는데, 그건 제쳐두고 이야기할게요.
누구나 자기 외모에서 단점을 보기는 해요. 단점이 있다고 나는 창피한 사람인가요? 아니에요. 최절정 미모가 아니어도 나는 소중해요. 사람은 생김새에 관계없이 소중하게 태어났으니까요. 나도 본래부터 소중한 사람이에요. 그렇게 믿어야 자존감이 높은 겁니다.

그러면 공부를 잘해야 소중한 어린이일까요? 아니에요. 성적과 상관없이 모두 소중해요. 모든 어린이는 하나하나 소중하게 태어났고 사랑받을 자격이 있어요. 그 사실을 분명히 기억해야 자존감을 높일 수 있어요.
높은 자존감은 마음을 밝혀주는데 그게 공부에 무척 도움이 돼요.

마음이 밝으면 선생님 말씀이 잘 들리고 책도 잘 읽히겠죠. 공부 흡수력이 향상되는 거예요. 또 어려운 문제를 몇 개 틀렸어도 씨익 웃고 재도전할 수도 있어요. 나는 소중하니까 좌절하기 싫은 거예요. 그건 공부 지구력이 높아졌다는 뜻이죠.

공부 흡수력과 지구력이 높아지는 건 아주 기쁜 일이에요. 성적이 오르기 때문만은 아니죠. 공부가 덜 힘들어지고 자신감이 생기니까 좋은 거예요. 성적은 잊으세요. 성적보다 내가 백배 소중하다는 것만 기억하세요. 소중한 나를 위해 밝은 마음으로 성실하게 할 수 있는 만큼만 공부하세요. 성적은 강아지예요. 알아서 졸졸 따라올 테니 모른 척해도 괜찮은 겁니다.

1. 작은 발전도 자랑스러워한다

2. 점수 말고 공부 태도를 스스로 칭찬한다

3. 소중한 자존감을 높인다

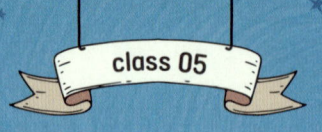

유튜브가 엄청 좋아요. 도저히 끊을 수가 없어요

Q. 저는 유튜브를 아주 좋아해요. 아니 사랑해요. 자나깨나 항상 유튜브 생각에 빠져 있고 영상을 보기 시작하면 그렇게 행복할 수가 없어요. 이게 사랑이 아니면 뭐겠어요. 저는 게임도 사랑해요. 부모님은 화를 내지만 유튜브와 게임을 끊기 싫어요. 사랑하는 그 친구들 없이는 살 수 없을 것 같아요. 제가 문제인가요?

A. 예. 당연히 문제입니다. 유튜브를 좋아하는 게 요즘의 흔한 초등학생 모습이긴 하죠. 유튜브도 게임도 틈틈이 즐기세요. 하지만 지나치게 사랑하는 건 문제예요. 유튜브가 어린이 여러분을 진정으로 사랑하지는 않으니까 그래요. 유튜브든 게임이든 SNS든 모두 어린이 여러분을 사랑하는 듯 보이지만 사실은 차가워요. 해를 끼칠 수도 있어요. 마음을 놓아서는 안 되는 위험한 녀석들인 거죠.

몇 가지 질문을 던져볼게요.

1. 유튜브도 어린이를 사랑할까요?

유튜브가 어린이 여러분을 사랑할까요? 물론 사랑하는 마음이 있을 겁니다. 그래서 크리에이터가 재미있는 어린이 콘텐츠를 만들도록 유튜브가 도와주고 있는 거겠죠.

그런데 유튜브의 사랑을 믿어도 될까요?

부모님(또는 할머니, 할아버지 등 나를 보호해주는 고마운 분들)의 사랑과 비교해봐요. 사랑하는 그분들은 절대 여러분에게 해를 끼치지 않아요. 넘치게 사랑을 베푸실 뿐이죠. 부모님과는 평생 한집에서 살아도 돼요. 피해를 입지 않을 테니 안심하세요. 부모님이 여러분을 이용해서 이득을 취하는 일도 없으니까 걱정 마세요. 예를 들어 초등학생에게 오늘 밥값과 방값을 내놓으라고 말하는 부모님은 없어요. 부모님은 자녀를 조건 없는 사랑으로 보살피는 고마운 분들이세요.

그럼 유튜브는 어떨까요? 게임이나 SNS는 또 어때요? 분명히 어린이를 사랑하는 것 같아요. 어린이를 즐겁게 하려고 무척 애를 쓰는 마음이 보여요. 그런데 그 사랑에는 조건이 있어요. 조건 있는 사랑이라니 이건 무서운 거예요.

유튜브는 어린이 여러분 덕분에 돈을 벌고 싶어 해요. 돈을 벌게 해 주는 한에서만 여러분을 사랑하는 게 유튜브의 운명이에요. 왜 그럴까요? 회사이기 때문이죠.

유튜브는 회사에서 운영합니다. 회사란 목표가 너무나 분명해요. 이윤 즉 이익을 추구합니다. 돈은 회사의 거역할 수 없는 목표예요. 유튜브에게는 어린이 여러분의 행복도 중요하지만, 돈도 그에 못지않게 중요해요. 둘 중 어느 것이 더 소중하냐고 유튜브에게 물어보면 머뭇거릴 게 분명해요. 이윤과 어린이의 행복을 양팔 저울에 올려 놓고 깊은 고민에 빠질 거예요.

그렇다면 어린이 여러분은 어떤가요? 엄마와 돈 중에서 뭐가 더 중요한가요? 1초도 망설이지 않고 엄마라고 답하겠죠. 그럼 돈다발을 줄 테니 함께 사는 반려동물을 팔라고 누가 말했어요. 또 좋아하는 친구를 안 만나면 돈을 주겠다고 누군가 제안을 했어요. 받아들이겠어요? 아닐 겁니다. 건네받은 돈을 당장 패대기칠 거예요. 왜냐하면 사랑하기 때문이죠. 반려동물과 친구를 사랑하니까 돈은 하찮게 보이죠. 그게 진정한 사랑이에요. 조건 없는 사랑이 바로 그것이에요. 돈이 아니라 그 무엇과도 바꾸지 않아야 정말 사랑하는 거예요.

유튜브도 여러분을 사랑해요. 게임 회사도 그렇고 SNS 회사도 세상의 모든 어린이를 무척 사랑해요. 그런데 그 사랑은 순수하지 못해요. 조건이 있기 때문이죠. 돈을 벌 수 있어서 여러분에게 친절을 베푸는 것 뿐이에요. 구독료를 내거나 광고를 봐주기 때문에 여러분에게 다정한 것입니다.

유튜브가 좋으면 좋아하세요. 게임이나 SNS에게 사랑을 주세요. 그런데 너무 깊이 사랑하지는 마세요. 걔들은 어린이처럼 착하지 않기 때문이에요. 유튜브나 게임이 여러분의 친구라고 해도 진정한 친구가 아니라 조금 위험한 친구예요. 항상 이득을 생각하는 계산적인 친구니까요. 나빠서 그런 게 아니에요. 회사이기 때문에 어쩔 수가 없어요.

2. 유튜브가 어린이의 미래를 걱정할까요?

어린이가 입을 수 있는 피해를 좀 더 구체적으로 이야기해 보겠습니다. 한 어린이가 학교도 안 가고 종일 게임만 하고 있어요. 눈은 퀭하고 몸은 점점 말라가네요. 부모님은 어떻게 해야 할까요? 당연히 말려야 해요. 멈추게 설득해야 합니다. 왜냐고요? 그냥 두면 중독되기 때문이죠. 중독은 어린이의 미래를 망칠 수도 있어요.

인터넷 중독은 머리 좋은 친구의 지능을 떨어뜨립니다. 책을 좋아하던 마음도 지워 버리죠. 또 친구들과 뛰어노는 즐거움도 까맣게 잊게 만들어요. 숲속의 잠자는 공주는 외딴 방에서 혼자 잠을 자고, 게임 중독 어린이는 외딴 방에서 혼자 놀아요. 그렇게 10살에 중독되면 20살이 되고 30살이 되어도 게임 중독자로 종일 게임만 하며 살아가게 될지 몰라요. 중독이 어린이의 미래까지 망가뜨리는 것이죠.

그러니 지금 말려야 해요. 중독되기 전에 만류하고 설득하는 게 진정한 사랑이에요. 엄마 아빠는 당연히 그렇게 할 거고 진정한 친구라도 뜯어말릴 게 분명해요. 그런데 게임 회사는 어떤가요? 게임을 오래하지 못하게 말리나요? 유튜브는 또 어떤가요? 종일 동영상을 보는 어린이를 혼쭐내나요?

유튜브와 게임 회사에 좋은 어른들이 일하고 계세요. 착하고 따뜻하고 현명한 분들이 많아요. 그런데 그 어른들은 자기 자녀가 하루 10시간씩 유튜브를 보면 기뻐서 껴안아 줄까요? 또 아침부터 저녁까지 게임에 빠진 자녀의 머리를 쓰다듬으며 더 열심히 하라고 응원할까요? 아닙니다. 어떻게든 뜯어말릴 게 분명해요. 자녀를 사랑하는 부모니까 그렇게 하는 겁니다. 그런데 유튜브는 달라요. 게임도 그래요. 어린이들에게 그만하라고 강력히 권하는 일이 거의 없거든요.

유튜브나 게임은 여러분의 미래를 걱정하지 않아요. 어린이가 인생에 큰 손해를 입어도 개의치 않아요. 그들의 소원은 어린이들이 오래 게임하고 동영상을 보는 겁니다. 나빠서 그런 게 아니라 위에서 말했어요. 이윤을 추구하는 게 타고난 운명이기 때문입니다.

나의 행복에는 관심이 없는 유튜브와 게임과 SNS를 너무 좋아하지 마세요. 오히려 경계하세요. 오래 만나면 위험한 친구들이에요. 여러분이 중독되어서 인생이 망가져도 유튜브는 손해볼 게 없어요. 위험한 녀석이죠. 조심하세요. 정신 놓고 사랑하면 틀림없이 후회하게 될 것입니다.

3. 부모님의 간섭을 어떻게 줄일까요?

그렇다고 아예 끊으라는 말은 아닙니다. 21세기에 유튜브와 SNS를 아예 안 할 수는 없죠. 게임 실력도 요즘 세대의 필수 능력이라고 생각하는 친구도 있겠죠. 다만 기억해야 해요. 다시 한번 강조합니다. 유튜브와 게임 회사는 여러분을 진심으로 사랑할 수 없어요. 그러니 여러분도 조금만 사랑하세요. 그리고 경계하세요. 그래야 안전해요. 방법은 규칙을 세우는 것입니다. 부모님과 상의해서 함께 규칙을 정하는 게 효과적이에요.

예를 들어볼게요. 디지털 놀이를 할 수 있는 시간을 정하세요. 유튜브나 게임을 하루에 1시간 할 수 있다면 일주일이면 총 7시간이에요. 평일 이용권은 저축할 수 있어요.

그러니까 월요일에 30분 디지털 놀이를 했다면 나머지 30분은 저축해서 주말에 쓸 수 있어요. 평일 치 6시간을 모두 아꼈다가 일요일에 7시간 동안 게임을 할 수도 있어요. 그렇게 이용 시간 총량을 정해놓으면 어린이가 자신을 조절할 힘이 키워진답니다.

부모님과 상의해서 규칙을 만든 후 디지털 놀이를 즐겨보세요. 규칙을 세우는 게 어린이에게 큰 이득이에요. 정해진 시간만큼은 부모님의 간섭에서 자유로워질 수 있거든요. 실랑이가 벌어지지 않아 가족의 평화도 찾아오게 된답니다. 그러니 당장 부모님을 붙잡고 규칙을 만드세요.

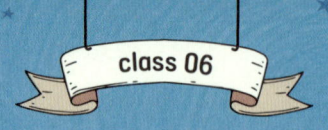

꼭 큰 꿈이 있어야 하나요?

Q. 부모님은 큰 꿈을 꾸라고 말씀하세요. 높은 목표가 있어야 공부도 잘된대요. 의사, 과학자, 판사, 교수가 좋은 꿈이래요. 대기업 직원도 좋대요. 하지만 저는 그분들이 뭘 하는지도 전혀 모르겠고 그런 직업이 왠지 싫어요. 그보다 맛있는 빵을 만들어 파는 빵집 사장님이 되고 싶어요. 제가 빵을 무척 좋아하거든요. 하지만 부모님은 싫어하시는 눈치였어요. 어른들은 왜 큰 꿈을 꾸라고 억지로 시키나요? 너무 답답해요.

A. 큰 꿈을 가져야 한다는 말씀을 많은 부모님들이 하세요. 왜 그렇게 말씀하실까요? 부모님들의 속마음에 대해서 이야기해봐요.

1. 부모님이 큰 꿈을 꾸라고 말씀하시는 이유

엄마 아빠가 어린이에게 큰 꿈을 꾸라고 강조하는 이유는 크게 두 가지예요.

첫 번째는 큰 꿈이 공부에 도움이 된다고 믿기 때문이에요. 사실 그렇기도 해요. 꿈이 커야 열심히 공부하니까요. 가령 1등이 목표여야 공부에 집중하게 되겠죠. 그렇지 않고 100명 중 95등을 꿈꾼다면 굳이 노력하지 않을 거예요. 그러니까 큰 꿈이 열심히 공부하게 만든다는 생각이 틀린 건 아니에요.

부모님이 큰 꿈을 요구하는 또 다른 이유도 있어요. 치사하지만 돈 문제예요. 작은 꿈을 꾸면 자녀가 가난해진다고 부모님은 믿는답니다. 어른들이 선호하는 의사, 과학자, 판사, 교수 등은 모두 안정적인 직업이에요. 안정적인 직업이라는 게 무슨 뜻이냐고요? 불안하지 않게 오랫동안 돈을 많이 버는 직업이라는 의미예요.

모두는 아니지만 부모님 중에는 돈이 어마어마하게 중요하다고 믿는 분들이 계세요. 그런 분들은 돈을 많이 버는 직업을 자녀에게 강요에 가깝게 추천하죠. 자녀는 속상할 수밖에 없어요. 빵 만드는 제빵사가 되고 싶은데 그보다는 사람을 수술하는 의사가 되라는 압력을 받으니까 마음이 불편한 게 당연해요.

여기서 제가 고백할 게 있어요. 저도 제 아이의 꿈을 낮게 평가한 게 기억이 납니다. 지금은 대학생인 제 아이가 초등학교 4학년쯤 되었을 때였어요. 아이는 갑자기 영화에 관심이 커졌어요. 만화 영화뿐 아니라 로봇이나 외계인이 나오는 영화를 많이 찾아 보기 시작했어요. 또 친구들과 영화에 대해서 이야기하는 것도 좋아하더군요. 아이는 영화와 관련된 직업을 갖고 싶다고 했어요. 몰래 걱정하던 저는 어느 날 밥을 먹다가 아이에게 이런 말을 했어요.

영화 평론가가 되겠다는 꿈은 꾸지 마라. 영화감독도 안 돼. 평생을 가난하게 살기 때문이야.

영화 평론가는 어떤 영화가 이래서 좋고 저래서 나쁘다고 평가하는 사람이에요. 굉장히 훌륭한 영화 평론가도 많은데 돈을 많이 벌지 못한다고 저는 생각했어요. 좋은 집과 좋은 차가 없고 맛있는 음식을 자주 사 먹지 못한다고 짐작했던 것이죠.

영화감독도 비슷해요. 봉준호 감독처럼 세계적으로 성공한 분은 극소수예요. 영화감독을 꿈꾸다가 좌절하고 가난하게 지내는 분들이 적지 않죠. 그렇게 생각한 저는 영화 평론가나 영화감독은 꿈꾸면 안 될 직업이라고 미리 대못을 박았던 거예요. 제 아이는 크게 실망하는 표정이었어요. 음악 평론가도 안 된다고 제가 말했을 때도 비슷한 표정이었던 것 같아요.

지금 생각해보면 제가 틀렸어요. 어린이는 무엇이든 꿈꿀 권리가 있다는 걸 그때는 몰랐어요. 제빵사거나 댄서거나 뭐든 괜찮아요. 과학자여도 상관없고 영화감독과 유튜버가 꿈이어도 전혀 문제 되지 않아요. 꿈은 자기가 원하는 것이어야 해요. 남의 강요에 의한 꿈은 이미 꿈이 아니에요. 자신이 정말 원하는 꿈을 기쁘게 좇아야 삶이 행복해지고 아름다워진다는 걸 저는 옛날에는 알지 못했던 거예요.

2. 부모님을 안심시켜 드리는 법

부모님이 의사가 되라고 강요하시면 이렇게 말씀드려 보세요.

죄송하지만 저는 의사가 되고 싶지 않아요. 재미없을 것 같아요. 대신 저는 빵집 주인이 되고 싶어요. 우리나라 아니 세계에서 가장 맛있는 빵을 만들어서 팔 거예요. 아무 걱정 마세요. 저의 빵집은 유명해서 손님도 아주 많을 테니까요.

나의 꿈을 소중히 지킬 것이고 많이 노력할 거라는 약속이에요. 아주 훌륭해요. 이 말을 들은 부모님은 어떻게 반응하실까요? 먼저 감탄

하면서 등을 토닥거려주실 거예요. 반대로 표정이 어두워지는 부모님도 계실 수 있어요. 꿈이 뭐든 좋은데 공부를 너무 일찍 포기하는 것 같아서 걱정이 되실 거예요. 그럴 때는 안심시켜 드리는 방법이 또 있어요.

공부를 포기하겠다는 게 아니에요. 과학 공부를 특히 열심히 할 거예요. 그래야 더 영양가 높고 맛있는 빵을 만들 수 있으니까요. 그리고 해외로 진출하려면 영어 실력이 필수라는 걸 잘 알고 있어요. 열심히 공부해서 훌륭한 빵집 주인이 될 거예요.

그렇게 말씀드리면 부모님은 표정이 훨씬 밝아지고 박수까지 보내주실 거예요.

• 제3장 •

공부 습관을 완성하는
실속 공부 기술

산더미처럼 쌓인 공부 때문에 너무 스트레스 받아요

Q. 이건 어린이 학대 아닌가요? 공부할 게 너무 많아요. 영어, 수학, 국어, 과학, 독서까지 다 해야 해요. 하루 이틀만 놀아도 밀린 숙제가 산처럼 쌓이고요. 스트레스가 너무 커요. 공부할 게 태산 같으면 어떡해야 하나요?

A. 해야 할 공부가 지나치게 많으면 안 돼요. 어린이 학대까지는 아니어도 문제인 건 사실이에요. 우선 공부량을 줄이는 일이 급선무예요. 부모님에게 솔직하게 말씀드리고 상의를 하는 게 좋습니다.

그런데 어쩔 수 없는 때가 있어요. 힘들어도 많은 공부를 꼭 해야 할 경우에는 공부 스트레스를 최대한 줄이면서 공부하는 게 중요하죠.

여러 교육학자들의 조언을 바탕으로 스트레스 줄이는 방법을 소개할게요.

1. 가장 하기 싫은 것부터 해치운다

조금 무서운 영어 문장을 읽어보세요. 'Eat That Frog!' 개구리를 먹으라는 뜻이에요. 미국에서 나온 유명한 책 제목인데요. 개구리를 먹으면 공부처럼 하기 싫은 일을 시원하게 해낼 수 있다는 내용이에요. 헉! 공부하기 위해 개구리를 먹어야 한다니 끔찍한 이야기군요. 하지만 안심하세요. 개구리 요리를 정말 먹으라는 건 아니고 장난스러운 비유일 뿐이니까요. 이때 개구리는 '가장 하기 싫은 일'을 의미합니다. 개구리가 귀여운 어린이도 있겠지만 이해해 주세요. 여기서는 개구리를 미끈미끈 징그러운 동물로 여기자고요. 어린이마다 개구리처럼 싫은 과목이 다를 거예요. 누구는 수학이 징그러울 테고 어떤 어린이는 영어나 국어가 거북할 거예요. 사회 교과서만 보면 짜증 나는 친구들도 있겠죠.

그런데 공부 순서는 어떤 게 좋을까요? 개구리처럼 싫은 과목을 맨 먼저 하나요? 아니면 제일 나중에 해야 할까요. 보통은 미루게 되죠. 가장 하기 싫은 것을 가장 나중으로 미루는 어린이가 많아요. 하지만 그건 나쁜 방법이에요. 공부하는 내내 마음이 무겁기 때문이죠. 책상 위에 커다란 개구리를 앉혀 놓고 공부하는 것과 같아요.
하기 싫은 것은 미루지 말고 가장 먼저 해치우세요. 용기 있게 개구리를 먼저 꿀꺽해버리는 거예요. 그러면 마음이 가벼워질 겁니다. 기분도 상쾌하고요. 공부 스트레스가 줄어드는 건 당연하겠죠.

2. 공부 장소를 바꾼다

이 역시 많은 공부 전문가들이 권하는 방법이에요. 한 곳에서 공부를 계속하면 익숙해져서 긴장감이 떨어집니다. 새로운 장소에서 공부를 해보세요.

　유달리 부끄러움이 없는 어린이는 인파가 가득한 도심 길바닥에 앉아서 공부를 할 수도 있어요. 집중력이 굉장히 높아질 거예요. 길바닥이 좀 그렇다면 공원이나 아파트 벤치가 대안이 되겠네요. 집안에서도 가능해요. 거실로 나와서 공부를 해보세요. 정신 집중이 잘될 겁니다. 게다가 엄마 아빠도 나처럼 TV를 못 보게 되니까 고소한 느낌도 들어서 더 좋을 거예요.

　화장실, 엄마 아빠의 방, 베란다 등 다양한 장소에서 공부를 해봐요. 신선한 기분이 들고 공부도 잘될 겁니다. 사람에 따라서는 걸어 다니면서 공부를 하는 게 도움이 됩니다. 산책로나 거실을 왕복하면서 공부한 걸 암송하는 거죠. 이상한 아이로 보여서 사람들을 놀라게 할 수도 있지만 공부는 잘된답니다. 아, 물론 넘어질 위험이 있으니 책을 보면서 걸으면 안 되는 거 아시죠?

공부할 게 너무 많고 스트레스라면 공부 장소를 바꿔보세요. 새로운 마음이 들고 집중력도 오를 겁니다.

3. 달콤한 보상을 상상한다

지겹고 힘든 공부를 끝내면 어떤 기쁜 일이 생길까요? 그것을 상상하면 공부 스트레스를 줄일 수 있어요.

공부나 숙제를 다 한 후에는 마음이 아주 가벼워집니다. 날아갈 듯 상쾌해지잖아요? 바로 그 기분을 상상하는 거예요. 지금은 책상 의자에 앉아 고생하지만 30분 후에는 침대에 편히 누울 수 있어요. 그렇게 생각하는 동안 공부 스트레스를 견딜 힘이 생깁니다.

또 공부가 끝나자마자 엄마 아빠의 따뜻한 응원과 칭찬 소리가 들려올 거예요. 그걸 잊지 마세요. 원하는 게임을 하거나 친구와 문자도 신나게 할 수 있어요. 숙제 후에는 그럴 자유를 얻게 될 것입니다. 또 먼 미래의 보상을 상상해도 좋아요. 우주선을 타고 답답한 지구를 떠나는 자기 모습을 그려보세요. 수학 문제 몇 개를 풀면 그 꿈에 힌 발짝 가까워지는 겁니다.

공부가 괴로우면 끝난 후의 보상을 머릿속에 그려보세요. 달콤한 휴식이 기다린다는 걸 기억하면 공부 스트레스가 확 줄어들 것입니다.

4. 무작정 공부를 시작해버린다

공부는 시작이 참 어려워요. 공부할 게 많으면 더 그렇죠. 책을 펴놓고 한숨만 쉬면서 공부 걱정에 시간을 오래 보내는 어린이가 많아요.

그런데 공부 시작을 미루면 스트레스만 더 커진다는 걸 명심해야 해요. 미루고 있는 동안 마음이 얼마나 답답한가요. 가슴에 묵직한 돌을 하나 올려 놓고 있는 기분이죠.

이럴 때는 방법이 있어요. 무작정 시작해버리세요. 모든 생각을 싹 지워버리고 그냥 시작하는 거예요. 경기 시작 시간이 되면 주저 없이 운동장으로 뛰어드는 축구 선수를 생각해 보세요. 생방송 때 용감하게 무대에 뛰어 오르는 아이돌을 떠올려도 좋아요. 우리도 그렇게 하는 거예요. '하나, 둘, 셋'을 외친 후에 그냥 공부를 시작하는 거죠.

그러면 괴로움이 줄어들어요. 공부가 하기 싫어 낑낑거리던 어린이도 20분만 지나면 괴로움을 까맣게 잊게 됩니다. 여러 과학자들도 밝혀냈고 우리들도 경험을 해봐서 압니다. 막상 공부를 시작하면 공부의 괴로움이 잊혀집니다. 무작정 공부를 시작하는 게 태산 같은 공부 스트레스를 줄이는 네 번째 비법입니다.

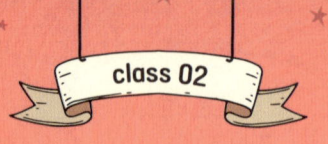

공부 천재가 되는 비법이 있나요?

Q. TV에서 천재 어린이를 봤어요. 뭐든지 한 번만 보면 다 기억하고 아무리 어려운 것도 척척 이해하더라고요. 너무나 부러워요. 모든 걸 이해하고 기억할 수 있다면 얼마나 좋을까요? 저는 그런 천재가 되고 싶어요. 방법이 있나요? 꼭 알려주세요.

A. 뭐든지 쉽게 이해하고 기억하는 천재가 정말 있는지 의심스럽기는 한데 아무튼 답을 해볼게요. 물론 진짜 천재가 될 수 있다는 건 아니에요. 그래도 놀라운 학습 능력이 생기기는 한답니다. 공부가 쉬워지고 더 재미있어질 거예요. 딱 세 가지 생각만 마음에 품고 있으면 됩니다.

1. '이건 진짜로 중요하다'는 생각

첫 번째로 '이건 아주 중요하다'라고 생각만 해도 공부 천재에 가까워집니다. 학습 내용이 머리에 쏙쏙 들어오는 거죠. 이렇게 생각해 보세요.

와, 대박! 이건 정말 중요한 사실이야.
수학 점수를 올리면 난 조금 더 행복해질 거야.
이걸 모르면 안 돼. 반드시 이해하고 말겠어.

지금 배우는 것에 중요한 의미가 있다고 생각하세요. 그러면 뇌가 그 내용을 저절로 흡수합니다. 신기하게도 내가 엄청나게 노력하지 않아도 돼요. 나의 뇌가 저절로 공부하니까요.

만일 반대라면 큰 문제입니다. 공부 내용이 중요하지 않다고 생각해 보세요. 뇌가 문을 꽝 닫아버립니다. 이해도 기억도 어려워지죠.

이게 왜 중요해?
이런 걸 배워서 뭐해?
선생님은 또 쓸데없는 걸 가르쳐 주시네… 짜증 나.

위처럼 부정적인 태도를 가지면 어떻게 될까요? 뇌가 귀를 막고 눈을 감겨버려요. 수업 내용이 하나도 기억에 남지 않을 겁니다.

여러분은 마법 능력자예요. 호박을 마차로 바꿔서 신데렐라를 태워 준 요정과 비슷한 능력이 있어요. 여러분의 마법은 두뇌를 놀랍게 바꿉니다. 방법도 간단해요. '이건 중요하다'라고 생각만 하면 평범한 뇌가 천재적인 두뇌로 변신한답니다.

2. '이건 왜 이럴까?' 하는 호기심

천재적인 뇌를 만드는 또 다른 방법이 있어요. 호기심을 느끼면 돼요. 뭔가를 못 견디게 알고 싶은 마음이 호기심인데 호기심을 가진 어린이가 많은 지식을 후루룩 흡입하게 됩니다.

"왜 비가 오나요?", "왜 사탕을 먹으면 치아가 썩나요?"라고 궁금해하면 과학 지식이 빠르게 늘어납니다. 또 "0 나누기 0은 얼마인가요?"라고 질문하는 어린이가 남다른 수학 실력을 키우게 됩니다.

좀 더 재미있는 예를 들어볼 텐데요. 고기 이야기라서 채식주의 어린이에게는 미리 양해를 구할게요. 한 어린이가 치킨을 먹으면서 공룡에 대한 책을 보고 있었어요. 그때 호기심이 생겼죠. '공룡은 어떤 맛일까'라는 궁금증이 번쩍 떠오른 거예요. 친구에게 이렇게 말했어요.

"공룡은 어떤 맛이었을까? 정말 궁금하지 않니?"

옆에 있던 친구가 어이없다는 표정으로 답했어요.

"뭘 그런 걸 궁금해하니? 공룡은 다 멸종했으니까 맛을 알 수가 없지. 쓸데없는 거 궁금해하지 마."

그런데 아니에요. 우리가 공룡 고기를 구워 먹을 기회가 없는 것은 맞지만, 맛을 과학적으로 추리하는 것은 얼마든지 가능할뿐더러 쓸데없는 호기심인 것도 아니에요. 미국의 《스미소니언 매거진》에 실린 글 '공룡은 어떤 맛이었을까?'(What Did Dinosaur Taste Like?)에 따르면 여러 가지 요소가 고기 맛을 결정한대요. 예를 들면 근육의 구성 물질, 먹이 먹는 습관, 호르몬 등에 따라 고기 맛이 달라져요. 그러니까 공룡도 저마다 맛이 다른데 우리가 무시무시한 육식 공룡인 티라노사우루스를 먹는다고 상상해보자고요.

어떤 맛일까요? 여러분은 이미 티라노사우루스의 맛을 알고 있어요. 많은 과학자들이 주장했어요. 그 공룡은 닭과 맛이 비슷하다고요. 소고기나 돼지고기가 아니라 닭고기가 티라노사우루스의 맛인 거예요.

벌써 아는 이야기라고요? 그러면 다른 과학자의 의견도 들어보세요. 어떤 과학자는 티라노사우루스가 닭보다는 육식 조류인 매의 맛에 가까울 것이라고 주장합니다. 그런데 매는 우리가 평생 먹어볼 수가 없잖아요. 기회가 있다면 칠면조 고기를 먹어보세요. 매는 칠면조의 어두운 색 고기보다 쏘는 맛이 강하대요. 그 맛이 바로 티라노사우루스의 고기 맛에 가까운 것이고요.

　공룡 고기의 맛에 호기심을 느끼면 자료를 찾아보게 될 것이고 아주 재미있고 신기한 지식을 쌓게 되겠죠. 호기심이 여러분을 똑똑하게 만들 수 있는 겁니다. 교과서를 읽으면서도 호기심을 느낄 수 있어요. 아래는 3학년 어느 과학 교과서의 문장이에요.

> 펭귄은 대부분 남극 지역처럼 추운 바다에서 물고기, 오징어 등을 잡아 먹으며 삽니다.

　어떤가요? 궁금해지지 않나요? '대부분'이 문제예요. 왜 '대부분'일까요? 호기심이 많은 어린이는 이런 한 낱말을 놓치지 않아요. 그리고 이렇게 생각할 거예요.

　'왜 대부분이라고 썼을까? 펭귄이 남극 말고 다른 곳에도 사나?'
　이미 아는 어린이도 많겠지만 펭귄을 잘 모르는 어린이라면 저런 호기심이 큰 도움이 됩니다. 인터넷 검색만 해도 답이 나와요. 호주 남부에도 남아프리카공화국에도 펭귄이 사네요. 인터넷에서 서울동물원 동물 정보를 보면 뜨거운 적도 부근에 사는 펭귄도 있대요.

호기심이 많은 어린이가 더 많이 알게 됩니다. 호기심은 배고픔과 같아요. 배고프면 더 많이 먹게 되듯이 호기심을 느끼면 지식을 더 많이 빨아들이게 되는 것이죠.

호기심을 키우세요. '왜 그럴까'라고 생각하면서 교과서를 읽어보세요. 호기심이 여러분을 천재처럼 만들 테니까요.

3. '이건 이상하다'는 생각

책을 읽으면서 '이건 이상하다' 싶을 때가 있어요. 그 생각도 나의 두뇌를 천재적이게 만든답니다. 5학년 어린이들이 공부하는 사회 교과서에 이상한 문장이 있습니다.

> (세종은) 굶주리는 백성에게 옷을 주었다.

조선시대에 쓴 역사책 《조선왕조실록》에 나오는 내용이래요. 이상하지 않나요? 터무니 없는 게 안 보이나요? 이상해요. 배고픈 사람에게 음식을 줘야지 왜 옷을 줬을까요? 그런 의문이 생기면 생각을 하게 되죠. 두 가지 추리가 가능해요.

첫 번째는 역사를 기록하는 사람의 실수일지 몰라요. '세종은 굶주리는 백성에게 음식을 주었다'라고 해야 하는데 딴생각을 하다가 '옷을 주었다'라고 잘못 썼을지도 모른다는 것이죠.

두 번째 가능성도 있어요. 당시에는 새 옷을 팔아서 음식을 살 수 있었을 거예요. 옷이 돈과 다름없는 거라면 배고픈 사람에게 옷을 주는 게 틀리지 않아요.

정답이 무엇인지는 두 번째 문제예요. 위처럼 추리를 했다는 사실이 대단한 겁니다. 천재적인 추리력이에요. '이상하다'는 생각을 한 덕분에 뇌가 훨씬 똑똑해진 것이죠.

동화를 읽은 후에도 똑같아요. 가정을 해볼게요. 《피리 부는 사나이》를 읽은 어린이는 어이가 없었어요. "말도 안 돼. 맘대로 어린이를 데려간 피리 부는 사나이는 나쁜 사람이 아닐까?"라고 말했어요.

물론 다른 의견도 있어요. 마을 사람들이 먼저 사나이를 속이고 약속을 어겼으니까 피리 부는 사나이의 응징은 정당하다고 말할 수도 있어요. 보통은 그렇게 피리 부는 사나이를 편들어주죠.

그런데 "이상하다. 그렇다고 아이들을 데려가는 건 심하지 않나?"라고 물을 수도 있어요. 또 '마을 사람들이 나쁜 짓을 했다고 피리 부는 사나이도 나쁜 짓을 해야 했을까?'라는 의문도 좋아요. 부모님과 헤어진 아이들의 마음을 상상하면 그런 의문을 갖는 게 무리가 아니죠.

피리 부는 사나이를 어린이 유괴범이라고 꼭 비난해야 옳다는 게 아니에요. 남들이 생각하는 대로 무작정 따르지 말고 의문을 품고 다시 생각해보자는 뜻이에요. 그렇게 '이건 이상하다'라고 생각할 때 우리는 시야를 넓히고 지적 능력을 높일 수 있답니다.

세상에서 가장 좋은 공부법은 뭔가요?

Q. 아주 많은 분들이 여러 가지 공부법을 추천합니다. 좋다는 공부법이 너무 많아요. 딱 하나만 알려주세요. 세상에서 가장 좋은 공부법이 뭔가요?

A. 좋은 공부법은 많지만 단 하나만 고른다면 '기억 꺼내기 공부법'입니다. 어려운 말로는 '기억 인출 공부법'이라고도 해요. 제가 마음대로 최고의 공부법으로 선정한 것은 아닙니다. 세계의 많은 교육학자와 뇌과학자가 동의합니다. 기억 꺼내기가 가장 좋은 공부법이라고요.

나의 기억을 꺼내면서 공부한다는 건 어떤 것일까요? '동물 세계의 기록 보유자들'이라는 글을 예로 들어 말해볼게요. 참고로 글에서 나타내는 수치는 과학자마다 주장이 조금씩 다르니까 완전히 믿지는 마세요.

- 독일의 방송사 도이체 벨레의 사이트(www.dw.com)에 게재된 '동물 세계의 기록 보유자들'(Record Holders in the Animal World)을 알기 쉽게 정리했어요.

★ 동물 세계의 기록 보유자들

가장 빠른 단거리 육상 동물은 치타이다. 시속 120킬로미터의 속도를 낼 수 있다. 하지만 단거리에만 강하다. 수백미터 안에 사냥감을 잡지 못하면 힘이 빠져서 포기한다. 가장 빨리 달리는 새는 타조다. 시속 70킬로미터도 충분히 가능하다. 날개는 크지만 너무 무거워서 날 수 없다.

타조가 부러워할 새가 있다. 루펠 독수리는 기네스 기록에 '가장 높이 나는 새'로 기록되어 있다. 1973년에 해발 11,200미터 높이로 날던 비행기가 새와 충돌한 적이 있는데, 비행기에 남은 깃털이 루펠 독수리의 것이었다. 세계에서 가장 높은 에베레스트산(8,848미터)보다 훨씬 높이 날아다니는 새다.

날지는 못해도 높이 뛰는 동물도 많다. 퓨마는 제자리에서 단번에 5.5미터를 뛰어오르는 능력을 가졌다. 포유류 최고의 점프력이다. 그런데 엄청난 경쟁자가 있다. 벼룩은 자기 키의 200배 높이까지 뛰어오른다.

포유류 중에서 가장 물속 깊이 들어가는 동물은 향유고래다. 수심 3,000미터에서 한 시간 동안이나 숨을 참을 수 있다.

청력이 가장 좋은 동물은 박쥐다. 박쥐는 시력이 퇴화되었지만 자유롭게 날아다닌다. 사람이 눈을 감고 길거리를 빠르게 달리는 것과 똑같이 신기한 일이다. 어떻게 가능할까. 박쥐는 자신이 내는 초음파가 반사되는 걸 듣고 주변의 먹이나 장애물의 위치를 정확히 알아낸다. 박쥐는 귀로 세상을 보는 것이다.

내용이 재미는 있지만 좀 복잡합니다. 113쪽 내용이 내일 시험에 나온다고 가정해봐요. 한번에 기억이 되지 않는다면 어떻게 해야 할까요? 두 번 세 번 반복해서 읽을 수 있겠죠. 그것도 좋은 공부법입니다.

자기 기억을 꺼내본다

그런데 더 좋은 공부법이 있답니다. 한두 번 정도 읽고 책을 덮습니다. 그리고는 무엇을 기억하고 있는지 하나하나 말을 해보는 겁니다. 가방 속의 물건을 꺼내듯이 기억을 꺼내는 것이죠.

아마 어린이는 이렇게 생각할 것입니다.

가장 빠른 육상 동물은 치타다. 시속 120킬로미터로 달린다. 타조는 속도가 시속 50킬로미터이다. 그런데 가장 높이 나는 새는 뭐였지? 이름이 기억나지 않네. 퓨마는 높이뛰기를 가장 잘하는 포유류고 박쥐는 동물계의 청력 챔피언이다. 그리고 그 무슨 고래는 깊은 바다에서 1시간 동안이나 숨을 참을 수 있다. 고래 이름이 뭐였지? 기억이 안 나네.

그렇게 기억을 점검하면서 자신이 무엇을 알고 모르는지 정확히 판단할 수 있어요. 그다음으로는 모르는 부분에 집중해서 공부하면 됩니다. 이 책의 다른 곳에서 설명한 '딴 데 보기'도 '기억 꺼내기 공부법'과 비슷합니다.

자신에게 설명한다

'기억 꺼내기 공부법'을 변형할 수도 있어요. 배운 내용을 자신에게 설명하는 거예요. 마치 자신이 선생님이 된 듯이 강의를 하는 것이죠. 상당히 효과가 높은 학습법입니다.

먼저 내가 거울을 보고 있다고 생각하세요. 나는 선생님이고 거울 속 나는 학생이에요. 이렇게 강의를 하면 되겠죠.

오늘은 동물 세계의 챔피언들을 소개할게. 가장 빠른 육상 동물은 알지? 그래 치타야. 치타는 무려 시속 120킬로미터로 달릴 수 있어. 고속도로를 빨리 달리는 자동차 속도야. 그리고 타조는 말야~

그렇게 설명하면 됩니다. 설명을 하다 보면 많은 내용을 또렷하게 기억하게 될 거예요.

다른 예를 들어볼게요. 과학 시간에 잎의 구조에 대해서 배웠다고 가정해봐요. 혼자서 '잎은 잎몸과 잎자루로 되어 있고 잎몸에는 잎맥과 기공이 있다'라고 외우면 별로 재미가 없어요. 대신 강의 상황을 상상하면서 자신에게 설명을 해보세요.

잎을 봐. 바로 이 부분이 잎몸이야. 잎몸에는 가는 줄처럼 보이는 잎맥이 있고, 눈에 보이지 않지만 작은 구멍도 있어. 공기가 드나드는 그 구멍을 기공이라고 해. 또 여기 길쭉하게 튀어나온 잎자루는 줄기와 잎을 연결해주지.

그렇게 자기 기억을 하나씩 꺼내면서 설명하는 동안 잎에 대한 기억과 이해가 깊어집니다.

오해하지 마세요. 책이나 노트를 반복해서 읽는 게 최고의 공부법이 아닙니다. 책을 덮고 자신의 머릿속에서 기억을 꺼내 보는 방법이 더 효과적이에요. 영어 단어를 외우거나 수학 공부를 할 때도 똑같아요. 기억을 꺼내면서 내가 무엇을 알고 모르는지 점검해 보세요. 그것이 세상에서 가장 좋은 공부법입니다.

좀 더 재미있게 공부하려면 기억을 꺼내서 자신에게 강의를 해보세요. 물론 친구나 부모님에게 설명하는 것도 좋아요. 강의를 하는 사이에 지식이 나의 것이 됩니다. 절대 달아날 수 없게 되는 겁니다.

질문은 어떻게 해야 하나요?

Q. 귀에 못이 박혔어요. 선생님께 질문을 많이 해야 한다는 말을 하도 많이 들어서요. 하지만 질문은 쉽지 않아요. 뭘 여쭤봐야 하는지 머리에 떠오르지 않거든요. 저만 아니라 친구들도 다 비슷해요. 질문을 잘하는 방법이 있으면 알려주세요.

A. 어른들 입술에도 못이 박혔어요. 질문을 자주 해야 한다는 잔소리를 수없이 하느라고요. 그래도 어린이들은 질문을 하지 않죠. 어린이가 고집스러워서일까요. 아닙니다. 질문이 원래 어려운 일이라서 그래요. 질문에도 방법이 있답니다. 비법을 알면 더 즐겁게 더 많이 질문할 수 있어요. 설명해 볼게요.

뜻, 이유, 예를 질문한다

 선생님께 하는 질문은 보통 세 가지를 물으면 됩니다. 뜻, 이유, 예를 물어보는 게 질문이죠.
　한 어린이가 사랑에 대해서 질문을 한다고 가정해 볼게요.

　선생님, 사랑이 뭔가요? `뜻`
　선생님, 사람은 왜 사랑하게 되나요? `이유`
　선생님, 사랑하면 어떻게 행복한가요? 예를 들어주세요. `예`

　사랑이란 누군가를 나보다 더 소중히 생각하는 마음이라고 뜻풀이를 할 수 있겠죠. 또 행복해지니까 사랑하게 된다고 이유를 설명하면 되겠네요. 그리고 만나면 행복하고, 꿈에 나타나면 행복하고, 연락 오면 행복하다고 예를 들 수 있어요.
　이번에는 조선시대의 실학에 대해서 질문하는 상황입니다.

　선생님, 실학의 뜻이 무엇인가요? `뜻`
　선생님, 실학 운동은 왜 생겼나요? `이유`
　선생님, 유명한 실학자로는 누가 있나요? `예`

실학은 실용적인 학문 또는 실제로 도움이 되는 학문을 뜻합니다. 뜻 가난한 백성들의 삶을 개선하고 사회 개혁을 이루는 게 절실하다고 판단했던 조선 후기 학자들이 실학 운동을 펼쳤습니다. 이유 대표적인 실학자로는 정약용, 이익, 박지원 등이 있어요. 예

사랑과 실학 같이 진지한 주제만 질문할 수 있는 건 아닙니다. 지저분하지만 방귀에 대한 과학적 질문도 똑같은 방식으로 할 수 있어요.

선생님, 방귀란 무엇인가요? 뜻
선생님, 방귀의 냄새와 소리, 크기는 왜 사람마다 다른가요? 이유
선생님, 방귀를 줄이는 방법을 구체적으로 알려주세요. 예

★ 방귀에 대한 속설

방귀는 음식물이 발효되어서 생기는 기체이며, 이산화탄소와 메탄가스 등 400종류의 가스로 이루어져 있습니다. 뜻

어떤 사람의 방귀 냄새가 진한 것은 육식 때문일 가능성이 높아요. 육류를 많이 먹는 서양인의 방귀와 트림 냄새가 강하다고 하네요. 그리고 방귀 소리 크기는 방귀의 분출 압력과 양을 곱한 뒤 그 값을 항문 지름으로 나누면 수치화할 수 있어요. 간단

히 말해서 다량의 방귀를 힘줘서 세게 뀌는 사람은 소리가 큽니다. 반면 항문의 지름이 크면 방귀 소리가 줄어든다고 하니 참고하세요. 이유

한편 방귀 횟수를 줄이기 위해서는 음식을 적게 먹는 것이 첫 번째 방법이고 또 식사 때 말을 적게 해서 가스 유입을 줄이는 방법도 있어요. 예

그런데 방귀를 전혀 뀌지 않는다면 생명 활동이 멈췄다는 뜻이에요. 바꿔 말해서 방귀는 생명의 증거입니다.

철학적인 질문도 멋있어요

반드시 뜻, 이유, 예만을 질문해야 하는 건 아니에요. 그리고 공부 이외에도 중요한 질문거리가 많아요. 학교와 집에서 궁금한 것에 대해서 뭐든 자유롭게 물어보세요. 깊이 있는 철학적 질문을 해도 좋아요.

예를 들면 이런 것이 있어요.

- 〈동아일보〉 2017년 8월 14일 자 기사 '방귀에 대한 속설 4가지'를 알기 쉽게 정리했어요.

선생님, 인생에서 가장 중요한 것은 무엇인가요?

어떻게 하면 행복할 수 있나요?

왜 부모님은 야단을 많이 치시나요?

야단을 많이 안 치는 부모님은 사랑하지 않는 건가요?

위와 같은 질문을 하면 선생님과 부모님이 깜짝 놀라실 겁니다. 그리고 어린이와 더 깊은 대화를 시작하게 될 거예요. 질문이 행복한 관계를 만들기도 한답니다.

수업 시간에 집중하는 방법이 있나요?

 도저히 수업 시간에 집중이 안 돼요. 저도 선생님 말씀에 집중하고 싶어요. 노력도 해요. 하지만 어느새 딴생각이 나요. 어떻게 해야 하나요?

여기 뼈다귀만 남은 어린이가 있네요. 엄마가 주는 맛있는 밥을 무슨 이유인지 거절하는 어린이에요. 언제 쓰러질지 몰라 조마조마해요.

여기에는 수업 시간에 딴생각에 빠진 어린이가 있어요. 어제 친구가 했던 농담이 떠올라서 희죽희죽 웃어요. 어떤 어린이는 귀나 코를 후비는 데 온 정신을 모으죠.

이렇게 공부 시간에 산만한 건 굶는 것과 같아요. 선생님이 주는 재미있는 지식을 거절하는 아이는 조마조마해요. 언제든 공부 자신감이 쿵 내려앉을 수 있기 때문이죠. 수업 시간에 집중하고 싶나요? 방법을 알려드릴게요.

1. 선생님 마음을 상상해본다

선생님은 교단에 그냥 오르지 않아요. 고민 고민한 후에 여러분을 가르치십니다. 어떤 고민이냐고요? 퍼포먼스 계획을 짜느라 고심하세요. 예를 들어 '오늘은 아이들에게 무엇을 어떻게 가르쳐야 할까', '어떤 말이 더 재미있을까', '이렇게 했다가 아이들이 지루해하면 어쩌나' 등 생각이 멈추지 않아요. 어떤 퍼포먼스를 할지 결정이 되면 거울 앞에서 연습도 하죠.

　선생님의 표정, 몸짓, 문장 하나하나가 여러분을 위한 선물이에요. 수업을 계획하고 연습하시느라 선생님이 얼마나 고생했을지 상상해보세요. 그렇게 생각하면 집중력이 높아질 겁니다.

2. 시간을 빨리 흐르게 만든다

어린이는 자신의 초능력을 몰라요. 시간 흐름 속도를 조절할 수 있다는 사실을 자주 잊어버리죠. 속으로 이렇게 말해보세요.

　나는 초능력자!
　선생님 말씀에 집중해서 수업이 빨리 끝나게 할 수 있다.

수업 시간에 집중하지 않으면 지루해요. 시간이 도통 흘러가질 않으니까요. 그런데 선생님의 움직임을 눈으로 계속 쫓고 말씀에 귀를 기울이는 동안에는 시간이 후딱 지나간답니다. 집중하면 수업이 빨리 끝납니다. 자신의 초능력을 믿고 집에 일찍 돌아가기 위해서라도 집중해 보세요.

3. 산만함의 원인을 미리 정리한다

스마트폰이거나 웃긴 책이거나 그 무엇이든 수업 집중을 방해하는 건 눈앞에서 모두 치워야 해요. 수업 시간에 장난을 거는 친구도요. 친구와 헤어지라는 뜻은 아니에요. 수업 시간에는 장난하지 말자고 미리 말해 두라는 거예요.

4. 똑똑해지겠다고 결심한다

수업에 집중해서 더 똑똑해지고 더 현명해지겠다고 결심하세요. 그리고 자신에게 이렇게 말해보세요.

나는 수업에 집중해서 똑똑해질 거야.

그래서 엄마를 놀라게 할 거야!

천재 과학자가 되어서 공룡을 부활시키겠어.

학교 운동장에서 공룡이 뛰어놀게 될 거야.

공부할 이유를 모르니까 수업에 몰두하지 못하는 거예요. 나의 공부 목표를 몇 번 되뇌이고 나면 집중할 수 있습니다.

5. 수업에 적극적으로 참여한다

수업 시간에 집중하는 방법 중에서 가장 좋은 것이 남았습니다. 적극적으로 참여하는 어린이는 수업 집중력이 높아집니다. 선생님을 많이 도와드리세요. 또 선생님의 질문에 열심히 답하세요. 틀려도 괜찮아요. 모르는 게 있으면 주저하지 말고 질문하는 게 좋아요. 이렇게 적극적으로 참여하면 딴생각을 할 틈이 아예 없어진답니다.

뭐 저런 것까지 물어보냐는 듯한 친구들의 시선이 부담스러운가요? 걱정할 것 없어요. 뇌의 착각이에요. 속으로 궁금해도 질문하지 못한 친구도 있을 걸요. 질문은 부끄러운 게 아니에요.

6. 행복해지는 연습을 한다

행복해지세요. 수업 집중력이 높아질 겁니다. 행복이 뭐냐고요? 어제의 힘들었던 일을 생각하지 않으면 기분이 좋아지죠. 내일 걱정을 잊어도 마음이 밝아져요. 그게 바로 행복입니다. 지금 하는 일에 몰두하는 사람이 가장 행복해요. 후회와 걱정은 거미 괴물이에요. 한번 붙잡으면 여러분을 거미줄로 꽁꽁 묶고 풀어주지 않아요. 후회와 걱정을 떨치세요. 그러면 선생님 말씀이 귀에 쏙쏙 들어올 겁니다.

자, 수업에 집중했을 때와 못했을 때의 차이를 잘 알았나요?

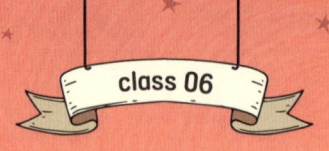

공부와 휴식을 방해하는
생각들이 자꾸 떠올라요

Q. 아주 나쁜 공부 훼방꾼이 있어요. 바로 쓸데없는 잡생각이에요. 집에서 혼자 공부할 때 별별 생각이 다 떠올라서 책에 집중할 수가 없네요. 그런데 공부만 문제인 건 아니에요. 기분 좋게 쉬고 있다가도 나쁜 기억 때문에 기분을 망칠 때가 있어요. 이상한 잡생각을 몰아내는 방법이 있나요?

A. 맛있는 걸 먹는데 어제 친구가 시비를 걸던 기억이 떠올랐다고 가정해봐요. 입맛을 잃게 되겠죠. 또 웃긴 유튜브 영상을 보는데 옆 반 아이가 내 외모를 놀린 게 떠올라요. 당연히 기분이 확 가라앉게 되죠. 머릿속으로 들어오는 잡생각을 싹 몰아내야 우리는 행복할 수 있어요. 방법을 소개할게요.

뇌는 아주 이상한 녀석이다

첫 번째로 뇌가 아주 짓궂은 녀석이라는 걸 알아야 해요. 사람 머릿속에 뇌가 하나씩 있어요. 뇌 덕분에 우리는 기억하고 이해하고 예측하죠. 그런데 고마운 뇌는 아주 특이해요. 시끄럽게 멍멍 짖으며 말썽 피우는 강아지 같아요. 뇌는 우리가 원하지 않는 생각도 만들어서 시끄럽게 떠들어 댑니다.

예를 들어볼게요. 국어 공부하는 어린이의 뇌가 갑자기 혼자 생각을 시작합니다. '어제 먹은 과자는 참 맛있었다. 생각하니까 군침이 돈다. 내일 또 사 먹어야지. 빨리 내일이 와야 할 텐데…'

공부하는 어린이 머릿속에서 과자 생각이 저절로 떠오르는 겁니다. 그건 어린이 잘못이 아니에요. 뇌가 맘대로 그런 생각을 만들어서 떠드는 거예요.

또 어린이가 독서를 하는 동안에도 뇌는 가만 있지 않아요. 슬금슬금 딴생각을 시작합니다. '휴대폰 게임 하고 싶다. 책 읽으면 뭐해. 재미도 없는데. 그런데 게임 하다가 들키면 혼날 거야. 엄마 미워' 사실은 게임을 시작하지도 않았어요. 엄마가 야단친 것도 아니죠. 그런데 엄마가 밉다니, 아무 일도 일어나지 않았는데 혼자 별 상상을 다하고 있어요. 그런 상상도 뇌가 꾸며낸 거예요.

　뇌는 더 짜증 나는 생각도 빚어냅니다. 어린이가 혼자 방에서 벌벌 떨게 만들기도 해요. 어린이 머릿속에 이런 상상을 밀어 넣어서 말이죠.

밤에 갑자기 귀신이 나타날 지도 몰라.
침대 밑에 검은 괴물이 살고 있을 거야.

　누구나 어릴 때는 그렇게 무서운 상상을 해요. 하지만 귀신은 없어요. 좁은 침대 밑에 괴물이 들어갈 수도 없고요. 다 지어낸 것이에요. 누가 꾸민 상상일까요. 나는 결백해요. 나는 그런 상상을 하기도 싫은데 뇌가 제멋대로 지어내서 놀리고 장난치는 거예요.

　우리의 뇌는 그렇게 이상한 녀석이에요. 잡생각을 만들어내서 정신없게 떠들어요. 시끄럽게 멍멍 짖는 강아지 같은 뇌가 있어서 집중하기 어려운 거예요.
　자기를 미워하지 마세요. '나는 집중도 못하고 딴생각만 한다'면서 자기를 야단치지 마세요. 다 두뇌 때문이에요. 뇌가 시끄럽고 이상한 녀석이란 걸 잊지 마세요. 그러면 이제 잡생각을 몰아낼 준비가 되었어요.

자, 이 이상한 뇌를 어떻게 다뤄야 할까요? 공부에 집중하고 휴식에 몰두하려면 무엇보다 뇌를 무시하세요. 뇌가 만들어내는 잡생각들을 지워버리는 거죠. 야식 생각, 게임 생각, 귀신 생각을 몽땅 삭제하는 겁니다. 그러면 한결 나아질 거예요. 딴생각을 이겨내는 세 가지 방법을 알려드릴게요.

1. 시끄러운 뇌의 말을 무시해버린다

불안감을 지우는 것도 중요해요. 공부하거나 쉬다 보면 자신도 모르게 이런 생각을 하게 됩니다.

> 내일 학원에서 시험을 못 보면 어쩌지? 친구들이 나를 우습게 볼 거야. 선생님도 나를 싫어할 거야. 큰일이야. 어떡하지?

다 환상이에요. 내일 시험을 못 볼지 잘 볼지 아무도 몰라요. 친구가 비웃고 선생님이 미워할 거라는 건 순전히 상상이에요. 하나같이 두뇌가 꾸며낸 이야기에 불과해요. 그걸 싹 무시해야 마음 편하게 공부에 집중할 수 있어요. 만일 뇌가 만든 잡생각에 붙잡히면 어떻게 되나요? 공부도 안 되고 쉬어도 쉰 것 같지 않고 짜증이 날 거예요.

2. 뇌의 장난 횟수를 체크한다

공부하면서 뇌의 잡생각 장난을 체크해야 합니다. 쓸데없는 잡생각이 떠오를 때마다 '안 돼'라고 말하세요. '그만! 공부에 집중할 거야'라고 속으로 말하세요.

또 종이에 표시를 해도 좋아요. 잡생각이 독서를 방해할 때마다 표시를 하나씩 하는 거예요. 그리고 책을 다 읽은 후에 몇 번 잡생각에 빠졌나 되돌아보세요. 이런 일을 몇 주 동안만 반복하면 집중력이 아주 높아진다고 해요.

그런데 뇌만 집중을 방해하는 것은 아니에요. 외부 자극도 문제예요. TV 소리, 스마트폰, 거실에서 들려오는 가족들의 대화 소리가 집중을 방해하죠. 그러니까 스마트폰을 방밖에 두세요. 방문도 닫으세요. 방해하는 것들을 곁에 두면 뇌의 장난이 더 심해지니까 멀리해야 하는 겁니다.

휴식을 취할 때도 비슷해요. 소파에 누워 있는데 기분 나쁜 생각이 몇 번이나 떠오르는지 헤아려보세요. 내가 숫자를 세면 뇌의 장난 횟수는 줄어들게 됩니다.

3. 분명하게 계획을 세운다

집중력을 높이기 위해서 꼭 필요한 게 또 있어요. 공부 계획을 세우는 거예요. 계획이 구체적일수록 좋아요. 몇 시까지 무엇을 하겠다는 마음을 먹는 거죠. 예를 들어서 6시까지 문제 15개를 풀고 나서 신나게 놀겠다고 다짐하는 거예요. 그리고는 딴생각이 집중력을 흐트러뜨릴 때마다 이렇게 혼잣말을 해보세요.

> 나는 지금 바쁘다. 6시까지 문제 15개를 풀어야 한다.
> 문제를 다 풀고 신나게 놀 거다.
> 지금 딴생각할 시간이 없어! 집중, 집중해!

딴생각이 후다닥 달아날 것 같죠. 그러면 머리가 맑아지고 집중력이 높아져서 지겨운 공부를 빨리 끝낼 수 있을 거예요.

계획을 세우면 휴식 시간도 알차게 보낼 수 있어요. 예를 들어서 '지금부터 1시간 동안 아무 걱정하지 않고 쉬고 놀 거다'라고 굳게 마음먹어보세요. 친구가 놀렸던 것도 다 잊으세요. 숙제 걱정도 잠시 접어둬야 해요. 그렇게 딴생각을 몰아내 버리고 세상 누구보다 편하게 쉬어보세요. 정말 꿈같은 휴식이 될 거예요.

뇌를 갖다버릴 수도 없지만 뇌와 함께 사는 것도 쉬운 일은 아니에요. 뇌는 온갖 괴상한 생각을 만들어내서 우리를 걱정과 후회로 빠트리는 아주 이상한 녀석이니까요. 뇌가 꾸며낸 가짜 생각에 빠지지 마세요. 싹 무시하고 삭제해야 해요.

뇌가 우리를 괴롭히는 횟수를 체크하는 것도 도움이 됩니다. 그리고 아주 구체적인 계획을 세우세요. 그렇게 하면 집중력 있게 공부하고 더욱 신나게 놀 수 있을 거예요.

class 07
책 읽는 속도가 너무 느려요

Q. 책을 꼭 빨리 읽어야 하는 건 아니라고 부모님이 말씀하셨어요. 하지만 제가 느려도 지나치게 느려요. 친구들 중에서 꼴찌예요. (친구들은 책을 다 읽고 쉬고 있는데 저 혼자만 계속 읽은 적도 있어요.) 책을 빨리 읽는 방법이 없나요?

A. 부모님 말씀이 맞아요. 책은 빨리 읽는 게 아니에요. 자신의 속도로 책을 읽어야 독서가 재미있고 이해도 깊어집니다. 친구들의 독서 속도는 신경 쓰지 마세요. (물론 친구와 보조를 맞추고 싶은 마음은 이해해요. 같은 빠르기로 달리고 밥 먹고 놀고 싶죠. 그런 마음이 이상한 게 아니에요. 하지만 책 읽기는 정말 달라요.) 아무리 친한 친구라도 책 읽기 속도를 맞출 수 없어요. 자기 속도를 지키는 게 무엇보다 중요해요.

그렇다고 글을 빠르게 읽는 방법이 없다는 건 아니에요. 그리고 가끔은 속도감 있게 읽어야 할 때가 있어요. 어떤 때냐고요? 어려운 문장을 만났을 경우입니다.

어려운 문장이 나왔다면 속도 변화가 필요해요. 보통은 천천히 읽으라고 조언하죠. 천천히 여러 번 읽으면 어려운 문장도 이해된다는 것입니다. 분명히 효과가 있어요.

이해가 안 되면 빨리도 읽어본다

그런데 반대로 주장하는 학자들도 있어요. 빠르게 읽어야 더 많이 이해할 수 있다는 거죠. 구체적인 예를 들어볼게요. 띄어쓰기가 틀린 아래 문장을 천천히 한 글자 한 글자 읽어보세요.

> 미안 해고 백을할 게. 너의과 자는내 가먹었어. 방 귀뀐것 도나야. 오늘두 번미 안했어.

천천히 읽으면 무슨 뜻인지 알기 어려워요. 이번에는 빠르게 읽어보세요. 최대한 속도를 내보세요. 좀 더 많이 이해할 수 있을 거예요.

독서는 자신에게 맞는 속도로 해야 합니다. 그런데 어려운 문장을 만나면 속도 변화가 필요해요. 첫 번째 방법은 천천히 읽기입니다. 아

• 토니 부잔의 《공부, 하려면 똑똑하게 하라!》(The Buzan Study Skills Handbook)에 나오는 예문을 참고해 만들었습니다.

주 길거나 어려운 문장은 천천히 읽을 때 더 많이 이해할 수 있어요. 그런데 정반대의 두 번째 방법도 있어요. 때로는 어려운 문장을 빠르게 읽어야 해요. 그래야 이해력은 물론이고 집중력도 향상됩니다.

소리 내서 읽으면 빨리 읽을 수 있다

그런데 어떻게 해야 빠르게 읽을 수 있을까요? 많은 연구자가 찾아낸 간단한 방법이 있답니다. 아마 어린이 여러분도 많이 들었을 텐데, 그 비법은 소리 내서 읽기입니다. 낭독이라고도 하죠.

   어려운 글이면 소리를 내면서 낭독해 보세요. 소리를 내면 글이 빠르게 읽힙니다. 집중력도 높아지고 기억도 오래할 수 있어서 좋아요.
   그런데 도서관에서 소리를 내며 읽을 수는 없죠. 다행히 입만 벙긋거려도 효과가 비슷해요. 글자를 읽되 소리 없이 입술만 움직여보세요. 역시 빠르게 읽을 수 있어요.
   손가락으로 글을 읽는 것도 좋은 방법이에요. 손가락으로 밑줄을 긋듯이 하면서 읽는 것입니다. 그러면 눈이 책에 더 집중하고 독서 속도도 빨라집니다. 손가락이 방해가 되면 연필이나 책갈피를 이용할 수도 있어요.

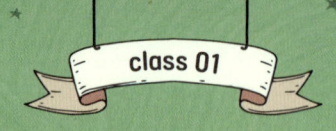

교과서가 너무 복잡해요. 정리법을 알려주세요

Q. 자꾸 한숨이 나요. 교과서가 너무 복잡해요. 열심히 읽어도 정리가 되지 않아요. 교과서만 읽으면 뒤죽박죽 되어 버리는 머릿속을 깨끗이 정리할 수 없나요?

A. 어른들도 자세히 읽어보면 놀랄 걸요. 초등학교 교과서도 아주 복잡하죠. 그런데 다행스럽게 간단히 정리하는 방법이 있네요. 차례와 제목을 유심히 살펴보기만 하면 됩니다. 성격 급한 친구들은 제목을 건너뛰는데 그러면 손해예요. 음식점에서는 메뉴부터 읽어야 더 맛있는 걸 먹게 된다는 거 알죠? 똑같아요. 교과서를 읽을 때는 차례와 크고 작은 제목을 차분히 읽으면 더 맛있게 공부할 수 있답니다.

단원 제목을 읽으면 머릿속이 정리된다

3학년 수학에서 배우는 나눗셈을 예로 들어볼게요. 나눗셈의 종류는 몇 가지인가요? 다섯 가지입니다. 가령 아래처럼 소단원 제목을 정리해 보면 쉽게 알 수 있답니다.

3학년 수학 나눗셈 소단원 제목들	예
(몇십) ÷ (몇)을 구해 볼까요	20 ÷ 2
(몇십몇) ÷ (몇)을 구해 볼까요	22 ÷ 2
나머지가 있는 (몇십몇) ÷ (몇)을 구해 볼까요	19 ÷ 2
(세 자리 수) ÷ (한 자리 수)를 구해 볼까요	300 ÷ 3
나머지가 있는 (세 자리 수) ÷ (한 자리 수)를 구해 볼까요	331 ÷ 3

또 내 위치도 알 수 있어요. 가령 '내가 다섯 가지 나눗셈 중에서 세 번째를 배우고 있구나'라고 알면 막막하지 않아요. 어려운 공부를 하면서도 마음이 편해요. 두 번째 정류소에서 내리는 걸 아는 승객이 버스 안에서 마음이 편안한 것과 같아요.

국어 교과서에서도 제목을 봐야 해요. 예를 들어 3학년 국어에는 문단의 짜임을 배웁니다. 대단원과 소단원의 제목을 정리하면 이렇습니다.

대단원	문단의 짜임
소단원 1	중심 낱말이 무엇인지 알기
소단원 2	중심 문장과 뒷받침 문장이 무엇인지 알기
소단원 3	문단의 중심 문장과 뒷받침 문장을 파악하며 글읽기
소단원 4	중심 문장과 뒷받침 문장을 생각하며 글쓰기

아주 복잡해 보이죠. 그런데 차분히 읽어보세요. 배우는 중요 개념이 몇 개인가요? 기껏 세 개 밖에 안 돼요. 중심 낱말, 중심 문장, 뒷받침 문장만 알면 되는 거예요. 그게 전부예요. 제목을 보면 뭘 배우는지 쉽게 알 수 있는 겁니다.

소단원까지 아니어도 대단원 제목만 읽어도 크게 도움이 됩니다. 3학년 1학기 과학 교과서의 대단원이 다섯 개라고 해볼게요. 과학자는 어떻게 탐구할까, 물질의 성질, 동물의 한살이, 자석의 이용, 지구의 모습이라고 해봐요. 그러면 한 학기 동안 다섯 종류의 지식을 배우게 되는 것입니다.

3학년 2학기 과학 교과서도 대단원이 몇 개인지 살펴보세요. 가령 재미있는 나의 탐구, 동물의 생활, 지표의 변화, 물질의 상태, 소리의 성질이라면 이 다섯 가지를 배운 후에 4학년이 되는 겁니다.

제목은 보물섬으로 향하는 방향을 알려주는 나침판과 같아요. 내가 어느 만큼 가야 하는지 알 수 있어요. 또 어디에서 출발해서 어디로 가고 있는지 파악하게 되죠. 제목을 건너뛰면 길을 몰라 헤맬 수 있어요. 그러니 꼭 제목을 먼저 읽어야 해요.

실제로 도움이 되는 암기법을 알려주세요

Q. 알고 싶은데 알려주는 사람이 없어 답답해요. 배운 걸 외우고 싶은데 어떻게 해야 외울 수 있는지 모르겠어요. 눈앞에 있는 라면을 먹고는 싶은데 끓이는 방법을 모르는 것과 비슷한 기분이에요. 유치해도 괜찮아요. 초등학생에게 정말 실제로 도움이 되는 암기법을 꼭 좀 알려주세요.

A. 고마운 약속이네요. 유치해도 괜찮다고 했으니 용기를 내서 암기법 여섯 가지를 말씀드릴게요. 앞의 세 가지는 여러분도 잘 아는 기본적인 방법이고요. 나머지 세 가지는 모르는 어린이가 조금은 있을 거예요. 시작해 볼게요.

1. 첫 글자 암기법

첫 글자 외우기는 전 세계에서 가장 인기 있는 암기 방법입니다. '빨주노초파남보'나 '수금지화목토천해명'처럼 항목의 첫 글자만 달달달 외우는 것입니다. 세계적 인기를 누린다면 그만큼 효과가 좋다는 뜻입니다.

그런데 첫 글자 암기법을 잘하려면 말을 잘 만들어야 해요. 예를 들어서 신라를 세운 사람은 누구인가요? 제 생각에는 '신박'이라고 외우면 좋아요. '신'라는 '박'혁거세가 세웠거든요. 고구려의 전성기는 '고광장'이라고 외우는 게 어떨까요. 영토가 넓었던 고구려는 넓은 광장을 떠올리게 합니다. 고광장 즉 '고'구려는 '광'개토대왕과 '장'수왕 때 전성기였어요. '오! 고광장'이라고 해도 좋아요. 고구려의 전성기는 5세기 광개토대왕과 장수왕 때였다는 뜻이죠.

신박	**신** 라는 **박** 혁거세
고광장	**고** 구려는 **광** 개토대왕과 **장** 수왕 때 전성기

세종 대왕의 업적도 첫 글자만 외울 수 있어요. (이해하는 법도 156쪽에 따로 소개되어 있습니다.) 따라 해보세요. "혼자앙농칠!"

제가 고안한 건데요. '혼자안놀지'와 비슷한데 상당히 유치하네요. 그래도 암기에 도움이 되니까 한번 해보세요. 혼천의(渾天儀), 자격루(自擊漏), 앙부일구(仰釜日晷), 농사직설(農事直說), 칠정산(七政算)이 세종 대왕의 업적에 속해요. 각 항목의 첫 글자를 따서 '혼자앙농칠'이라고 만들어봤어요.

여러분도 자신만의 방법으로 첫 글자 모음 말을 만들고 외워보세요. 길고 복잡한 정보를 쉽게 암기할 수 있을 거예요.

2. 중얼중얼 반복하기

초등학교 3학년 사회 시간에 '세시 풍속'을 배웁니다. 매해 일정한 때 (세시)에 반복하는 생활 습관이 있어요. 추석에는 차례를 지내고 동지에는 팥죽을 먹으며 삼복에는 영양식을 먹었죠. 그렇게 때에 따라 반복되는 풍속을 세시 풍속이라고 합니다.

그런데 세시 풍속이라는 말이 어려워요. 잘 외워지지 않죠. 그럴 때는 중얼거리면 됩니다. 선생님이 '세시 풍속'이라고 말씀하시면 나도 입속에서 재빨리 따라 하는 거예요. "세시 풍속, 세시 풍속, 세시 풍속"이라고요.

수학의 중요 내용도 똑같이 반복해 보세요.

진분수는 분자가 분모보다 작다. 진분수는 분자가~

가분수는 분자가 분모와 같거나 크다. 가분수는 분자가~

자신이 암기력이 약하다고 생각하나요? 그러면 친구보다 서너 번만 더 암송하면 됩니다. 희망을 가져요. 중얼중얼 반복하면 결국은 외우게 되어 있어요.

3. 쓰면서 외우기

세 번째 암기법은 쓰기입니다. 예를 들어 사회 교과서에 '존중 서약서'라는 낱말이 나온다고 해봐요. 다른 사람들을 높게 여기겠다는 약속을 쓴 글을 뜻해요. 그런데 말이 좀 어렵죠. 공책에 써보면 됩니다. '존중 서약서, 존중 서약서, 존중 서약서'라고요. 그러면 여러분의 뇌가 그 어려운 낱말을 받아들이게 될 거예요.

눈으로만 외우려고 하지 마세요. 입과 손도 움직여야 해요. 위에서 말했듯이 입으로 반복하면 암기가 됩니다. 또 손으로 써도 외우기가 쉬워지죠. 영어, 국어, 수학, 과학 모든 과목에서 같아요. 입으로 반복하고 손으로 쓰면 새로운 낱말을 다 내 것으로 만들 수 있답니다.

4. 딴 데 보기

딴 데 보기도 유명한 암기법 중 하나입니다. 한 문단을 읽었다고 해봐요. 읽은 직후에 딴 데를 보는 겁니다. 책 말고 다른 곳을 쳐다보면서 방금 공부한 내용을 말해보세요. 속으로든 겉으로든 말을 해보는 겁니다.

예를 들어볼게요. 초강력 벌레에 대한 아래 글을 읽어보세요.

> 지구에 초능력을 가진 동물이 산다. 극한 상황에서도 살아남는 생존력 때문에 유명한 이 동물의 이름은 곰벌레다. 크기 1밀리미터가 안 되는 작은 동물인데 8개의 다리로 천천히 움직이는 모습이 곰 같아서 곰벌레라고 불리게 되었다. 곰벌레 대신 물곰이라고도 한다. 곰벌레는 냉동실에 수십 년 동안 넣어 놓아도 죽지 않는다. 일본 과학자들이 남극에서 발견한 곰벌레를 영하 20도로 얼려서 보관을 했는데, 30년 후에 온도를 높여줬더니 곰벌레가 다시 살아났다. 곰벌레는 남극이 아니라 우주 공간에서도 살 수 있다. 유럽의 과학자들이 우주 공간에도 노출했지만 곰벌레는 멀쩡히 살아서 지구로 귀환했다. 곰벌레는 인간에게 치명적인 방사선보다 수백 배 강한 방사선을 견디며, 극도로 높은 압력 속에서도 살 수 있다. 이렇게 여러 이유 때문에 곰벌레는 최강의 초능력 동물로 불리게 되었다.

글을 읽었으면 딴 곳을 보세요. 그리고 어떤 것을 기억하는지 말해 보세요. 기억이 가물가물한 게 있나요? 그러면 다시 글을 보며 확인하세요. 112쪽에서 설명한 '기억 꺼내기 공부법'과 닮았어요.

딴 데 보기 말고 눈 감기는 안 되냐고요? 물론 괜찮죠. 그럼 딴 데 보기 대신 TV 보기는 어떠냐고요? 물론 안 됩니다. 딴 데 보기를 끝낸 후에 TV를 보는 게 바른 순서인 것 같네요.

5. 그림 그리기

'시각화'라고도 부르는 방법이에요. 머릿속에 그림을 그리는 겁니다.

예를 들어보겠습니다. 초등학교 2학년 겨울 교과서에 나온 내용이에요. 다른 나라 친구를 만났을 때 어떻게 행동해야 하는지 설명하고 있네요.

도움받을 수 있는 곳을 알려줘요.
미소 짓는 얼굴로 이야기해요.
힐끗힐끗 쳐다보지 않아요.

저 내용을 외우려면 머릿속에 그림을 그리는 게 좋아요. 외국인 어린이에게 관광 안내소를 알려주는 상상을 해보세요. 미소 지으면서 함께 이야기하는 장면도 떠올려봐요. 힐끗힐끗 훔쳐봤더니 외국인 어린이가 당황하는 걸 상상해 보세요. 그렇게 머릿속에 상황을 그려보면 더 잘 외워진답니다.

이번에는 구석기 시대를 머릿속에 그려볼까요? 역사책에서 배운 내용을 단순 암기하지 말고 만화를 그리듯이 시각화하는 겁니다. 제가 지어낸 아래 글을 읽어보세요. 구석기 시대 한 어린이의 일기입니다. 여기서도 채식주의 어린이에게 미리 양해를 부탁드려요.

> 오늘 아빠가 동굴로 주먹도끼를 하나 가져오셨다. 손에 쥐는 이 도끼는 큰 돌에서 떼서 만든 것이다. 그래서 뗀석기라고 불린다. 여러 사람이 주먹도끼를 들고 동물을 쫓아갔다. 돼지를 닮은 녀석은 워낙 빨라서 놓칠 뻔했지만 제풀에 넘어지고 말았다. 사냥이 성공하자 우리는 모두 박수 치고 기뻐했다. 배불리 먹을 수 있기 때문이었다. 주먹도끼는 동물의 가죽을 벗기는 데도 쓰인다. 나는 따뜻한 옷을 입게 되었다. 행복한 구석기 시대의 하루였다.

구석기 시대에는 뗀석기가 많이 쓰였는데 그중 하나가 주먹도끼입니다. 주먹도끼는 사냥을 하고 동물 가죽을 벗기는 데 쓰였죠.

'내가 구석기 시대에 살았다면 어땠을까' 위 글처럼 상상해 보세요. 돼지를 잡으러 달리면서 돌을 던지는 자기 모습을 그려보는 거예요. 또 가족이 모여서 하하하 웃으면서 바비큐 파티를 여는 장면도 상상할 수 있겠죠. 그렇게 그림을 그리면 구석기 역사에 대한 전문가가 될 수 있을 거예요.

6. 이해하기

모든 암기법 중에서 단연 최고는 이해하기입니다. 이해하면 더 쉽게 외우고 오랫동안 기억할 수 있습니다.

예를 들어서 사회 시간에 도시와 촌락에 대해서 배울 텐데, 다음 중에서 도시와 어울리는 두 가지는 무엇일까요?

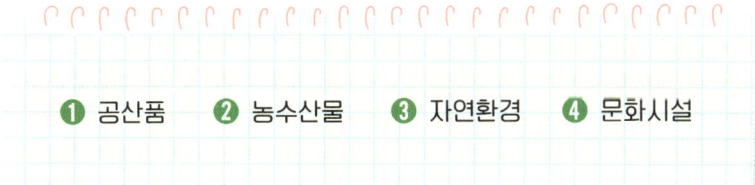

❶ 공산품　❷ 농수산물　❸ 자연환경　❹ 문화시설

답은 공산품과 문화시설입니다. 쉽게 맞히는 어린이도 있지만 어떤 어린이는 이런 문제를 어려워해요. 왜 어려울까요? 낱말 뜻을 이해 못 하기 때문이에요.

공산품이 무엇인가요? 공산품은 공장이나 회사에서 만드는 물건이라고 생각하면 됩니다. 공장이나 회사는 어디에 많이 있나요? 도시입니다. 문화시설은 뭘까요? 영화관을 생각해 보세요. 인구가 적은 곳은 영화관이 드물어요. 사람이 많은 곳에 영화관이 세워집니다. 바로 도시에 어울리는 것이죠. 그렇게 낱말 뜻을 이해하면 문제를 쉽게 풀 수 있습니다.

첫 글자 암기법 실전편

이번에는 앞에서도 말한 세종 대왕의 업적에 대해서 이야기해요. 업적이 너무 많아 기억하기 힘들죠. 사실 대학생들도 많이 혼란스러워 합니다. 그건 이해하지 않았기 때문이에요. 제가 이해하기 쉽게 설명해 볼게요. 모두 잘 아는 훈민정음과 측우기는 제외할게요.

집현전(集賢殿)은 조선시대의 학문 연구 기관이에요. 왜 이름이 집현전일까요? '집'합은 모인다는 뜻이죠. 그리고 '현'명한 사람들이 모이니까 집현전인 것입니다.

혼천의(渾天儀)는 하늘의 별을 관측하는 장치인데요. 별들은 혼란스럽게 움직입니다. 그러니까 '혼'입니다. 또 하늘이니까 '천'이죠. 그렇게 생각하면 혼천의를 기억하기 쉽습니다.

자격루(自擊漏)는 세종 때 만든 물시계입니다. 그런데 이름이 왜 자격루일까요? 먼저 '자'는 스스로라는 뜻입니다. 자동차의 '자'입니다. 두 번째로 '격'은 '타격'을 생각하면 됩니다. '격'은 친다는 뜻이에요. 그러면 자격은 '스스로 친다'는 의미입니다. 자격루는 정해진 시간마다 스스로 종을 때려 울리는 물시계였어요. 그래서 자격루가 된 것이죠.

앙부일구(仰釜日晷)는 해시계에요. '앙'은 신앙의 '앙'인데 올려다본다는 뜻입니다. 해시계니까 하늘을 올려다봐야 하겠죠. 앙부일구는 솥(부)처럼 생겼어요. 또 해시계니까 해(일)와 그림자(구)를 이용해요. 그래서 앙부일구입니다.

농사직설(農事直說)은 농사의 중요한 이야기를 담은 책입니다. '직설'은 중요한 내용을 직접적으로 이야기하는 걸 뜻해요.

칠정산(七政算)이 어렵죠. 높은 산 이름처럼 들립니다. 그런데 아닙니다. 칠정산은 세종 때 만든 역법서입니다. 역법은 달력을 만드는 법을 담은 책이죠. 달력에는 월화수목금토일 7일이 나옵니다. 칠정산의 '칠'도 숫자 7을 뜻합니다. 7렇게 기억하면 오래 기억할 수 있답니다. 모두 어려운 낱말이지만 뜻을 이해하면 머리에 쏙쏙 들어온답니다.

❶ 첫 글자 암기법

❷ 중얼중얼 반복하기

❸ 쓰면서 외우기

❹ 딴 데 보기

❺ 그림 그리기

❻ 이해하기

class 03
헷갈리는 연도, 어떻게 쉽게 외우나요?

Q. 숫자를 외우는 게 많이 힘들어요. 특히 역사가 문제예요. 중요한 사건의 연도는 암기하는 게 좋다던데 외워봤자 금방 잊어버려요. 연도를 쉽게 외우는 방법을 알려주세요.

A. 연도를 외우는 방법은 두 가지입니다. 먼저 암기를 반복해야 해요. 쓰면서 외우고 소리 나게 읽으며 외우세요. 한번 외우고 잊으면 또다시 외우기를 반복하면 되는 것이죠. 언젠가는 머릿속에 새겨지게 되어 있습니다. 반복 암기를 할 때 숫자를 거꾸로도 외워보세요. 예를 들어 대동여지도가 만들어진 것은 1861년이거든요. 그러면 1861, 1861, 1681, 1681이라고 중얼거리는 거죠. 숫자를 바로 말하고 뒤집어 말하는 걸 반복하다 보면 기억이 또렷해집니다.

무한 반복 말고 다른 방법도 있어요. 재미있는 의미를 만들어 붙여도 암기가 수월합니다. 여러분이 비웃지 않을 거라고 굳게 믿고 과감하게 저만의 유치한 비법을 공개할게요.

훈민정음 창제는 한(1)글 사(4)랑 사(4)랑 세(3)종

여러분이 초등학교 입학 전부터 공부했을 한국사 내용을 정리하는 셈 치고 읽어보세요.

먼저 조선 건국은 1392년인데 '한번 오세요. 구이 먹으러'라고 외우면 돼요. '한(1)번 오세(3)요. 구이(92) 먹으러'입니다.

또 임진왜란은 1592년이니까 똑같이 '한번 오세요. 구이 먹으러'입니다. '한번(1) 오(5)세요. 구이(92) 먹으러'인 거예요. 조선 건국 200년 후에 임진왜란이 일어났다고 기억하는 방법도 있고요.

훈민정음 창제는 1443년입니다. 연도를 자꾸 잊는다면 이렇게 외쳐보세요. "한글 사랑! 사랑 세종!" 즉 '한(1)글 사(4)랑 사(4)랑 세(3)종'이 되는 겁니다.

안중근 의사의 의거는 1909년이었는데 – 비속어여서 미안하지만 – 이토 히로부미에게 빵꾸(09)를 냈다고 생각하면 기억할 수 있어요. 그리고 의거로부터 딱 10년 후인 1919년에 3.1운동이 일어났고 곧이어 4월 11일에는 대한민국 임시정부가 수립되었습니다.

그리고 안중근 의거 바로 다음 해인 1910년 우리나라의 국권을 일본에게 완전히 빼앗겼습니다. 또 1894년 동학농민운동이 일어났는데 역시 안타깝게 그다음 해인 1895년에 을미사변이 일어나서 명성왕후가 살해되었습니다. 그렇게 연이은 때의 사건을 함께 외우면 쉽습니다.

우리나라는 1910년 나라를 빼앗기고 1945년에야 광복을 맞았어요. 광복(光復)은 글자 그대로는 '빛(光)을 다시(復) 찾았다'이고 결국 나라를 되찾았다는 뜻이죠. 그리고 1948년 대한민국 정부가 수립됩니다. 정부가 세워졌다는 것이죠. 그리고 1950년에 6.25전쟁이 일어나고 1953년에 휴전 즉 전쟁이 멈추게 됩니다. 1945년, 3년 후, 2년 후, 3년 후에 중요한 사건들이 일어났습니다. 그렇게 규칙을 찾는 것도 암기 방법입니다.

고조선 건국은 기원전 이삼삼삼

이번에는 기원전으로 가볼까요. 고조선 건국은 기원전 2333년입니다. '이삼삼삼'이니까 암기가 어렵지 않아요. '삼삼삼삼이 아니고 이삼삼삼이다'라고 기억해도 돼요.

그리고 신라 건국은 기원전 57년, 고구려 건국은 기원전 37년, 백제 건국은 기원전 18년입니다. 신라가 20살이 되었을 때 갓난아기 고구려가 응애응애 태어났네요. 또 고구려가 19살 청년일 때 막내 백제가 태어났어요. 신라는 그때 39살이니까 완전히 아저씨 아줌마였어요. 그런 식으로 국가를 사람으로 생각하면 연도 암기에 도움이 됩니다.

외워두면 좋은 우리 역사 연표	
고조선 건국	기원전 2333년 ('이삼삼삼'이에요)
신라 건국	기원전 57년
삼국통일	676년 (앞뒤가 똑같아요. 뒤집어도 같아요)
발해 건국	698년 (676에 22를 더했어요)
고려 건국	918년 (9=1+8이에요. 5.18민주화운동을 떠올려도 좋아요)
조선 건국	1392년 (한번 오세요. 구이 먹으러)
임진왜란	1592년 (조선 건국 + 200년)
국권피탈	1910년 (대한제국의 모든 권리를 일본이 빼앗아 간 해입니다)
3.1운동, 임시정부 수립	1919년 (이구이구 슬퍼라)
광복	1945년
대한민국 정부 수립	1948년
6.25전쟁	1950년

숫자 암기는 왜 어려울까요? 그건 숫자가 추상적 개념이기 때문입니다. 추상적이라는 건 만지거나 보거나 느낄 수 없다는 뜻입니다. 우리는 3개의 동전은 만질 수 있지만 3은 만질 수 없어요. 10명의 사람은 보이지만 10은 볼 수 없어요. 3, 10과 같은 숫자는 형체도 없고 냄새도 없고 무게도 없어요. 그래서 숫자를 추상적이라고 하고 추상적인 숫자를 생각하면 안개 속인 듯이 정신이 뿌옇게 흐려집니다.

희뿌연 숫자로 된 연도를 암기하는 방법은 크게 두 가지라고 말씀드렸습니다. 무한 반복과 의미 만들기인데 그중에서 의미 만들기가 재미있어요. 숫자에 의미를 붙인다는 건 투명 인간 같은 숫자에 밀가루를 뿌려 형체를 부여하는 것과 같아요. 각자 창의성을 발휘해서 숫자에 재미있는 의미를 붙이고 친구들과 공유해 보세요. 연도 외우기가 한층 쉬워질 겁니다.

어려운 걸 뚝딱
이해하는 방법을 알려주세요

Q. 1, 2학년 때는 교과서가 쉬웠는데 이제는 달라요. 어려운 교과서가 저를 괴롭혀요. 그 나쁜 어려운 것들을 어떻게 해야 하나요? 어려운 걸 쉽게 이해하는 방법은 없나요?

A. 맞아요. 어려운 교과서가 나빠요. 그 나쁜 교과서를 혼내주자고요. 내용을 우습도록 쉽게 이해해버려서 교과서가 기운 빠지게 만드는 거예요.

어려운 교과서를 어떡해야 쉽게 이해할까요? 지겹겠지만 기본을 말하지 않을 수 없어요. 무엇보다 선생님 수업에 충실해야 해요. 또 교과서를 차분히 읽어야 이해할 수 있어요. 아무나 하는 이야기라서 실망이라고요? 잠깐만요. 이제 시작일 뿐이에요. 이해력을 대폭발시키는 숨은 비법을 세 가지 말씀드릴게요.

1. 예를 떠올리면 훨씬 쉬워진다

첫 번째는 '예를 생각하기'입니다. 교과서에는 낯선 낱말이 많이 나옵니다. 낱말을 하나 배웠으면 예가 무엇인지 생각해 보세요. 저절로 이해가 깊어집니다.

가령 국어 교과서에 '중심인물'이라는 낱말이 자주 나와요. '중심인물은 어떤 사건의 중심이 되는 인물'이라고 되어 있어요. 이런 설명을 들은 어린이의 머릿속 반응은 크게 두 가지입니다.

❶ 사건의 중심이 되는 사람이 중심인물이구나. 쉽네.

❷ 사건의 중심이 되는 사람이 중심인물이구나. 피터팬이나 신데렐라처럼. 그리고 나는 내 인생의 중심인물이고.

❶은 '그냥 그렇구나' 하고 생각을 멈췄어요. 그런데 ❷는 예까지 떠올렸어요. 피터팬과 신데렐라와 자신이 중심인물의 예입니다.

누가 '중심인물'의 참뜻을 알았나요? 누가 더 오래 기억할까요? ❷처럼 생각한 어린이가 이해가 더 깊고 기억도 오래 갈 것입니다.

어린이들은 사회 교과서에서 생산자와 소비자를 배웁니다. 물건을 만드는 사람이 생산자이고, 쓰는 사람이 소비자예요. 그런 설명을 들은 어린이는 어떻게 생각해야 좋을까요?

❶ 물건을 만들면 생산자이고 쓰면 소비자구나. 알았다.

❷ 물건을 만들면 생산자이고 쓰면 소비자라고? 아하. 빵집 아저씨는 생산자이고 나는 소비자구나. 그리고 내 동생은 미소 생산자구나. 아빠는 잔소리 생산자이고. 노래할 때 엄마는 소음 생산자…. 그러면 나는 잔소리 소비자, 소음의 소비자가 되나?

❷라고 생각한 어린이는 대단합니다. 예를 떠올려서 생산자와 소비자의 뜻을 정확히 알아냈습니다. 훌륭합니다. 그렇게 예를 떠올리는 어린이가 교과서는 물론 책 내용을 더 쉽고 빠르게 이해하게 됩니다.

2. 나의 경험을 떠올려본다

이해력을 높이는 두 번째 비법은 '자기 경험 떠올리기'입니다. 학교에서 배운 내용과 자기 경험을 연결시키는 거예요.

예를 들어서 국어 시간에 '가는 말이 고와야 오는 말도 곱다'는 속담을 배웠어요. 속담에 들어 맞는 경험이 있나요? 떠올려 보세요.

❶ 친구에게 "너 오늘 예쁘다."라고 칭찬했더니 친구는 "너 오늘 귀엽다."라고 말했어요.

❷ 내가 엄마에게 "엄마는 아주 예뻐요."라고 했더니 엄마는 웃으면서 "오늘은 학원 안 가도 된다."라고 하셨어요. 어젯밤 꿈에서요.

둘 다 아주 좋아요. 자기 경험과 연결했으니 속담을 잘 이해하게 되었을 거예요. 다른 예를 들어볼게요.

국어 교과서에 '가치관'이라는 개념이 나옵니다. 가치관은 무엇이 중요한지에 대한 판단이에요. 어떤 게 중요하고 어떤 것은 아닌지 판단할 수 있다면 가치관이 있는 거예요. 그런데 이런 겉핥기 설명만으로는 이해하기 어려워요. 그럴 때는 나의 경험과 연결시켜 보세요.

가치관은 어려운 낱말이지만 생활 속의 경험과 연결 지으면 뜻을 알기 쉽습니다.

3. 지식을 생활 속으로 가져온다

어떤 어린이는 교과서를 덮는 순간 배운 것을 다 잊어버려요. 그날 배운 내용을 모두 학교에 두고 집으로 뛰어갑니다. 그러지 마세요. 배운 지식을 내 생활 속으로 가져와 보세요. 교과서를 쉽게 이해하는 세 번째 비결입니다.

예를 들어서 오늘 수학 시간에 밀리리터(mL)와 리터(L)에 대해서 배웠다고 해봐요. 얼마 전에는 무게 단위 그램(g)도 배웠어요. 그렇다면 그 단위들이 생활에서 어떻게 쓰이는지 살펴보세요.

냉장고를 열어서 우유팩을 들어 봐요. 주스나 생수도 괜찮아요. 몇 밀리리터인가요? 또 콜라는 밀리리터라고 표시되어 있나요 아니면 리터인가요? 식빵이나 과자는 또 어때요? 밀리리터인가요 아니면 그램인가요? 그렇게 살펴보는 동안 '들이와 무게'의 개념을 더 잘 이해할 수 있습니다.

이번에는 도덕 시간에 '도덕적 성찰'이라는 말을 배운다고 해볼게요. '성찰'은 반성과 비슷한 뜻으로 자신을 돌아본다는 의미예요. 즉 도덕적 성찰은 자신이 도덕적으로 올바른지 반성하는 걸 뜻하죠. 어른에게도 까다로운 개념이지만 생활에서 활용하면 훨씬 쉬워진답니다. 가령 이렇게 말해보세요.

엄마 아빠에게 드릴 말씀이 있어요. 엄마, 우리 가족은 성찰이 필요한 것 같아요. 쓰레기를 너무 많이 만들어내요. 그리고 아빠, 밥 먹다가 트림하는 습관을 돌아보세요. 성찰하시고 고치셨으면 좋겠어요.

또 이렇게 주장할 수도 있겠죠.

형은 도덕적 성찰이 필요해. 꼭 놀부처럼 욕심을 부려서 문제야. 그리고 TV 뉴스에 나온 저 나쁜 사람들도 모두 도덕적으로 성찰을 해야 해. 나는 바른 사람이 될 거야.

아주 멋있는 주장이죠? '도덕적 성찰' 같이 어려운 낱말도 생활 속에서 한두 번 쓰다 보면 쉽게 이해할 수 있답니다.

뜻 모를 낱말이 자꾸 나오면 어떻게 해야 하나요?

Q. 이상해요. 이 중요한 걸 저는 왜 아직도 모를까요? 책을 읽다가 뜻 모르는 낱말들이 자주 나오잖아요. 그럴 때는 어떻게 해야 하나요? 제 친구는 모르는 단어가 나올 때마다 사전을 찾거나 부모님께 물어봐야 한대요. 맞는 말 같은데 그렇게 하면 책을 읽다가 흐름이 깨지거든요. 어떡하죠?

A. 굉장히 중요한 질문이에요. 책은 낱말로 가득 차 있고 공부란 낱말 배우기에서 시작하게 되죠. 그러니 낱말 이해가 중요할 수밖에 없어요. 그런데 책에는 수수께끼 같은 낱말들이 많아요. 초등학교 4학년과 5학년 국어 교과서만 봐도 다수결, 안부, 근거, 가치관 같이 어른도 설명하기 힘든 낱말이 많아요. 어려운 낱말이 보일 때마다 사전을 뒤져야 할까요? 꼭 그래야 하는 건 아니에요.

두 가지 방법이 있어요. '글 안에서 이해하기'와 '글 밖에서 뜻 찾기'가 그 두 가지입니다.

글 안에서 이해하기

먼저 사랑 고백 현장의 이상한 대화를 들어보세요.

로미오 너를 영원히 사랑해. 너는 밤하늘의 성운처럼 아름다워.

줄리엣 사랑해줘서 고맙긴 한데 잠깐만. 사전에서 '성운'을 찾아 볼게.

사랑 고백을 하는데 줄리엣처럼 분위기를 깰 사람은 거의 없어요. 물론 성운은 어려운 낱말이에요. 가스와 먼지로 이루어진 우주 구름을 뜻하는데, 어른들도 잘 몰라요. 그런데 여기서는 정확히 알 필요는 없어요. '성운은 예쁜 거구나' 짐작만 할 수 있으면 돼요. 로미오의 고백을 읽어보세요. 뜻을 쉽게 짐작할 수 있죠. 그러면 굳이 사전을 뒤져서 찬물을 끼얹지 않아도 되는 거예요.

배고픈 곰돌이 푸가 나오는 아래 글도 볼까요. 참고로 다른 어떤 책에서도 찾아볼 수 없을 거예요. 제가 지어낸 것이니까요.

배고파서 쓰러질 것 같았다. 곰돌이 푸는 점심 이후 30분 동안이나 아무것도 먹지 못해서 어지러웠다. 때마침 고마운 친구가 가져온 벌꿀을 보자 푸는 <u>걸신스럽게</u> 달려들었다.

걸신은 배고픈 귀신이에요. 걸신스럽다는 건 음식을 무척 탐내는 걸 말해요. 쉽지 않은 낱말이죠. 그런데 정확한 뜻을 몰라도 위의 문장을 이해하는 건 어렵지 않아요. 굳이 읽기를 멈추고 사전을 찾아봐야 하는 건 아니에요. 글 안에서 뜻을 쉽게 유추할 수 있으니까요.

글 밖에서 뜻 찾기

글 밖에서 뜻을 찾아야 할 때도 있어요. 아래 글은 우리가 반드시 알아야 하는 내용이에요.

대한민국은 민주공화국이다.
대한민국의 주권은 국민에게 있고, 모든 권력은 국민으로부터 나온다.

우리나라 헌법 맨 처음에 나오는 문장들이에요. 쉽지는 않죠? 그나마 주권이나 권력 뜻은 짐작할 수 있는데 '민주공화국'은 까다로워요.

이럴 때는 글 밖에서 뜻을 찾아야 해요. 사전이나 선생님의 도움을 얻을 수 있어요.

　학자마다 의견이 조금씩 다르기는 하지만 이렇게 생각하면 될 것 같아요. 민주공화국은 국민이 주인으로서 다스리는 나라를 뜻합니다. 왕이나 귀족이 마음대로 지배하는 나라는 민주공화국이 아닙니다. 국민이나 국민의 대표(대통령이나 국회의원)가 다스려야 민주공화국입니다. 그 뜻을 알고 위 문장을 다시 읽어보세요. 좀 더 쉬울 겁니다.

　이번에는 5학년 사회 시간에 배우는 내용을 간추려 볼게요.

　혼란한 고려 말, 외적을 물리친 신흥 무인 세력이 백성의 지지를 받았다. 활 솜씨와 지휘 능력이 뛰어난 이성계도 외적을 물리친 공이 컸다. 이성계는 신진 사대부와 함께 사회를 개혁하고 조선을 세웠다.

　무슨 뜻인지 알겠나요? 역시 쉽지 않은데 그건 '신흥 무인'과 '신진 사대부' 때문이에요. 낱말 뜻을 글 속에서 짐작하기 힘들어요. 그럴 때는 읽기를 멈추고 뜻을 찾아봐도 괜찮아요. '신흥 무인'에서 '신흥'은 새롭게 떠오른다는 뜻이죠. '무인'은 문인의 반대말로 군인을 뜻합니다. 결국 '신흥 무인'은 새롭게 떠오른 군인 세력을 말합니다.

　'신진 사대부'에서 '신진'은 '새롭게 나선다'는 뜻으로 '신흥'과 비슷해요. 또 '사대부'는 평민의 반대말로 벼슬이 있는 사람을 뜻합니다. 그렇게 뜻을 알고 175쪽 예문을 읽으면 이해가 훨씬 편해집니다. 귀찮다고 신흥, 신진, 무인, 사대부 같은 낱말 뜻을 찾지 않으면 역사 공부가 점점 어려워진답니다. 모르는 중요 낱말은 뜻을 꼭 익혀야 합니다.

정리할 순서입니다. 어려운 단어를 만나도 멈추지 말고 글을 계속 읽는 게 원칙이에요. 글 속에서 뜻을 짐작할 수 있는 경우가 많으니까요. 그것이 첫 번째 방법이에요. 그런데 뜻을 유추하기 힘들면 어쩔 수 없죠. 멈춰도 좋아요. 잠시 글 밖으로 나가서 뜻을 찾아봐야 해요. 뜻을 알고 돌아와 글을 읽으면 훨씬 수월해질 거예요. 이것은 두 번째 방법입니다.

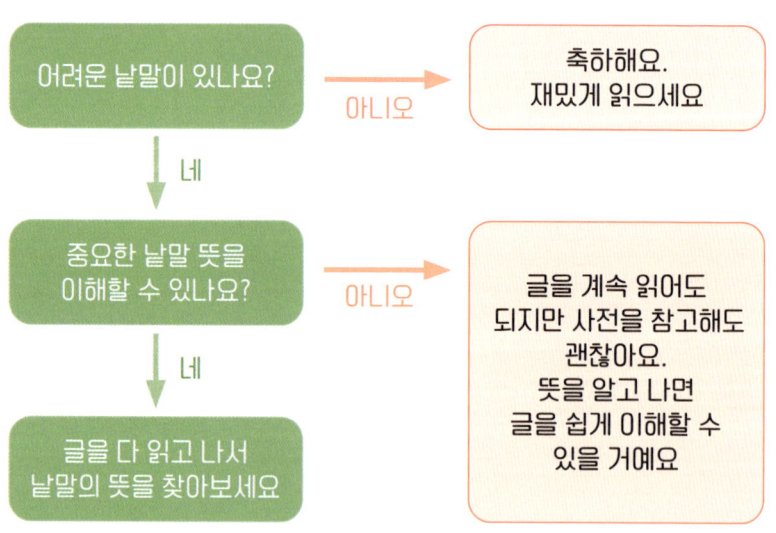

중요한 내용이
어떤 건지 모르겠어요

Q. 속상해요. 중요한 것과 중요하지 않은 걸 구별하지 못하겠어요. 제가 공부를 싫어하는 건 아니에요. 교과서를 집중해서 읽어요. 수업 때도 귀를 쫑긋 세우고 선생님 말씀을 듣고요. 그런데 어느 부분이 중요한지 모르겠어요. 다 중요해 보이는데 교과서 내용을 전부 외울 수도 없잖아요. 무엇이 중요한지 알아내는 방법이 있나요?

A. 교과서는 피자 박스와 달라요. 박스를 열면 피자 조각 하나하나가 똑같이 맛있죠. 하지만 교과서 내용은 부분마다 제각기 중요성이 달라요. 일부분은 더 중요하고 다른 부분은 덜 중요해요.
　어떤 부분이 더 중요한지 어떻게 찾아낼 수 있을까요. 아주 쉬운 세 가지 방법을 말씀드릴게요.

1. 선생님은 힌트 보따리

첫 번째로 선생님의 말씀에 힌트가 있어요. '이것은 중요하다'라거나 '이것은 기억해야 한다'라고 말씀을 하시는 건 긴장하고 머릿속에 저장하세요. 선생님의 말씀은 힌트가 가득한 보따리와 같아요. '저걸 놓치면 아깝다. 맛있는 피자를 잃어버리는 것과 같다'라고 생각하면 기억이 잘될 거예요.

2. 중요한 건 제목이 말해준다

두 번째로 제목을 보세요. 교과서에는 단원의 제목, 소단원의 제목, 글의 제목 등이 있어요. 제목은 무엇이 가장 중요한지 알려줍니다. 국어, 수학, 사회 등 모든 과목 교과서는 제목부터 봐야 전체 짜임을 알게 된다고 앞에서도 말씀드렸어요. 비슷한 이야기예요. 제목은 글의 짜임뿐 아니라 무엇이 중요한지도 알려줍니다.

　예를 들어볼게요. 신기한 자연 현상에 대한 글을 읽어보세요. 미국 익희 두서관 사이트의 〈개구리와 물고기 등이 비처럼 내릴 수 있을까?〉(Can it rain frogs, fish, and other objects?)의 일부를 번역해 봤어요.

★ 개구리 비의 진실

옛 문명 때부터 개구리와 물고기가 비처럼 쏟아졌다는 보고가 있었다. 토네이도나 허리케인 같은 강한 바람은 힘이 세기 때문에 동물, 사람, 나무, 집 등을 들어 올릴 수 있다. 강풍이 개구리와 물고기를 빨아들였다가 다른 곳에 비처럼 내리게 하는 건 가능한 일이다.

오래전부터 개구리 비가 내린 기록이 있어요. 위 글은 개구리 비가 실제로 일어난다는 걸 과학적 원인과 함께 설명하고 있어요. 글에서는 제목처럼 개구리 비가 진실인지 아닌지가 중요해요.

★ 토네이도는 얼마나 힘이 셀까?

옛 문명 때부터 개구리와 물고기가 비처럼 쏟아졌다는 보고가 있었다. 토네이도나 허리케인 같은 강한 바람은 힘이 세기 때문에 동물, 사람, 나무, 집 등을 들어 올릴 수 있다. 강풍이 개구리와 물고기를 빨아들였다가 다른 곳에 비처럼 내리게 하는 건 가능한 일이다.

그런데 내용은 같고 제목만 바꾼 두 번째 글은 어떤가요?

제목이 바뀌니까 글의 목적도 달라졌어요. 토네이도가 얼마나 강력한지 설명하는 글이 된 거예요. 토네이도가 가장 중요해요. 개구리 비는 덜 중요한 조연이 되었어요. 이런 변화를 무엇이 결정했나요? 바로 제목입니다. 그만큼 제목이 중요해요. 제목을 봐야 글쓴이가 무엇을 중시하는지 알 수 있는 거예요.

글의 제목이 힌트입니다. 글에서 무엇이 중요 포인트인지 알려줍니다.

3. 이어주는 말에 주목

중요한 부분을 알아내는 세 번째 방법이 있습니다. 이어주는 말을 보면 됩니다. 특히 '그런데,' '하지만', '이처럼'을 놓치지 마세요. 그다음부터 중요한 이야기가 나올 확률이 높아요. '그 결과', '요약하면'도 마찬가지예요.

먼저 '하지만'을 살펴볼게요. 아래 두 문장을 비교해 보세요.

❶ 나는 너를 좋아해. 그리고~
❷ 나는 너를 좋아해. 하지만~

금방 알 수 있어요. ❷의 '하지만' 다음에 더 중요한 말이 이어질 거예요. '그리고'와는 달라요. 예를 들면 이렇게 되겠죠.

❶ 나는 너를 좋아해. 그리고 너를 존경해.
❷ 나는 너를 좋아해. 하지만 너를 사랑하지 않아.

'그리고' 다음에는 중대한 말이 오지 않을 때가 많아요. 반면 '하지만', '그런데', '그러나' 다음에는 보통 놀랍거나 중요한 내용이 이어져요. 그 사실을 기억하면 중요한 대목을 찾기 쉬워질 거예요.

예를 더 들어볼게요. 과학 문제집에 이런 설명이 나온다고 가정해 볼게요.

사슴 같은 초식 동물은 풀을 먹는다. 그리고 육식 동물 사자는 다른 동물로 배를 채운다. 또 사람 등 잡식 동물은 동식물을 다 먹는다. 그런데 식물은 아무 것도 잡아먹지 않는다. 대부분의 식물은 스스로 영양분을 만든다.

위 글에는 '그리고'와 '또', '그런데'가 있어요. '그런데' 다음에 가장 중요한 내용이 이어진다는 걸 금방 알 수 있습니다. '그런데'는 '하지만'과 속뜻이 같아요. 지금부터 중요한 이야기가 이어진다는 신호죠.

또 다른 예를 살펴볼게요.

물은 모양이 변한다. 컵에 담은 물과 국그릇의 물은 모양이 다르다. 그릇 모양에 따라 물의 모양도 변하는 것이다. 그런데 물은 모양이 변해도 부피는 일정하다. 어떤 그릇에 담거나 1리터 물은 여전히 1리터인 것이다. 이처럼 모양은 변하지만 부피가 변함없는 물질을 액체라고 부른다.

'그런데' 뒤에 중요한 내용이 오죠. 하지만 '이처럼'에도 주목해야 합니다. 그다음에는 가장 중요한 결론이 이어질 가능성이 높아요. 위 글에서 가장 중요한 건 액체의 뜻이에요. 모양은 변하지만 부피가 변함없는 물질이 바로 액체라는 걸 똑똑히 기억해야 하는 거예요.

정리해 볼게요. '그리고' 다음에는 비슷한 내용이 이어집니다. '하지만'과 '그러나' 다음에는 보통 중요한 반대 내용이 나오니까 주목해야 해요. 그리고 '이와 같이', '이처럼', '그 결과', '요약하면' 등 뒤에는 가장 중요한 결론이 나오는 경우가 많아요. 이렇게 이어주는 말을 눈여겨보면 중요한 내용을 쉽게 알아챌 수 있습니다.

끝으로 근본적인 이야기를 해볼게요. 왜 중요한 것과 아닌 것을 구

분해야 할까요? 바로 공부 고생을 줄이기 위해서요. 공부를 편하게 하려고 학습 내용의 중요성을 평가해야 한다는 거예요. 어떤 책도 내용 전부가 똑같이 중요하지는 않아요. 일부분이 다른 부분에 비해 더 중요하게 되어 있어요. 우리는 중요한 것을 찾아내서 기억하면 되는 거예요.

빵집에 갈 때와 비슷해요. 수많은 빵을 전부 사서 먹어야 한다면 아주 고통스럽겠죠. 맛있는 빵들을 골라야 해요. 책에서는 중요한 내용이 무엇인지 정확히 찾아야 해요. 그러면 공부 고생이 많이 줄어들게 될 거예요.

class 07
글을 뜯고 분해해야 비밀을 알 수 있다고요?

Q. 교장선생님, 앞에서 이어주는 말이 중요한 대목을 찾는 힌트라고 말씀하셨잖아요. 그런데 문제가 있어요. 이어주는 말이 없는 글도 많잖아요. 그럴 때는 중요한 내용을 어떻게 찾죠?

A. 날카롭고 정확한 지적입니다. 한 문단 속에 이어주는 말이 전혀 없는 경우도 많죠. '그리고', '하지만', '이로써' 등이 없을 때는 다른 방법을 써야 합니다. 바로 글을 분해하는 것입니다. 분해란 전체를 부분들로 나누는 것을 뜻합니다. 엄마가 엄청나게 화를 내겠지만 어린이도 작은 시계쯤은 분해할 수 있어요. 장난감 분해는 더 쉽죠. 글 분해도 어렵지 않아요. 글을 여러 부분으로 나눈 후에 비교해보면 어느 것이 중요한지 금방 평가를 할 수 있답니다.

어느 피곤했던 어린이의 글부터 볼게요.

나는 무척 피곤해서 더 이상 공부를 할 수 없다. 방금 하마처럼 입을 벌리고 하품을 했다. 눈꺼풀은 나도 모르게 스르르 내려앉고 있다.

위 글은 세 부분으로 나눌 수 있습니다.

❶ 나는 피곤해서 공부를 할 수 없다.
❷ 나는 하품을 했다.
❸ 내 눈이 감긴다.

위 셋 중에서 말한 사람에게 가장 중요한 것은 무엇인가요? ❶, ❷, ❸의 중요성 무게를 측정해 보세요. 어느 게 제일 중요해서 무겁나요? ❷ 하품을 했다거나 ❸ 눈이 감긴다는 게 중요한가요? 아니면 ❶ 피곤해서 공부를 못하겠다는 게 중요한가요? 비교를 하면 ❶이 묵직하고 중요하다는 걸 알 수 있어요.

다음으로 한 어린이 마법사의 일기를 읽어보세요.

지난주에는 시계를 토끼로 바꾸는 데 성공했다. 어제는 컴퓨터를 강아지로 변신시켰다. 비밀인데 나는 요즘 마법을 배우고 있다.

글 전체를 부분으로 나눠보겠습니다.

❶ 나는 시계를 토끼로 변신시켰다.
❷ 나는 컴퓨터를 강아지로 변신시켰다.
❸ 나는 요즘 마법을 배우고 있다.

글은 세 부분으로 나눠지는데 어느 것이 가장 중요할까요? 글 쓴 사람은 ❸이 가장 중요했을 거예요. 마법을 배운다는 비밀을 알리고 싶었던 거죠. ❶과 ❷는 예입니다. 덜 중요한 이야기인 것이죠.
  그런데 새로운 문장을 덧붙이니까 중요한 내용이 바뀝니다. 돼지 변신 마술 이야기가 나오네요.

지난주에는 시계를 토끼로 바꾸는 데 성공했다. 어제는 컴퓨터를 강아지로 변신시켰다. 비밀인데 나는 요즘 마법을 배우고 있다.
하지만 쉽지 않다. 오늘은 욕심쟁이 형을 돼지로 변신시키려다가 실수를 했다. 얼굴은 형이고 몸만 돼지로 변한 거다. 돼지 몸에 형의 얼굴이라니 무척 실망이었다. 나의 마법 공부는 갈 길이 멀다.

어린이 마법사는 무슨 말을 하고 싶었을까요? 가장 중요한 것은 어느 부분일까요? 잘 모르겠으면 글을 분해해야 합니다.

❶ 나는 시계를 토끼로 변신시켰다.
❷ 나는 컴퓨터를 강아지로 변신시켰다.
❸ 나는 요즘 마법을 배우고 있다.
❹ 형을 돼지로 변신시키려다 실수를 했다.
❺ 나는 마법 공부를 더 해야 한다.

위 다섯 부분 중에서 글쓴이에게 가장 중요한 게 뭔가요? 완전무결한 정답은 없어요. 독자가 글쓴이의 마음을 완벽하게 알 수는 없으니까요. 그래도 짐작은 가능해요. ❹가 아니면 ❺입니다. 독자마다 달리 선택하겠지만 저는 ❺가 가장 중요한 것 같아요. 아직 마법 실력이 부족하다는 게 중심 내용이고 돼지 마법 실패는 뒷받침 내용이라고 볼 수 있으니까요.

한 문단을 더 추가해 보겠습니다. 글이 완성되네요.

지난주에는 시계를 토끼로 바꾸는 데 성공했다. 어제는 컴퓨터를 강아지로 변신시켰다. 비밀인데 나는 요즘 마법을 배우고 있다.
하지만 쉽지 않다. 오늘은 욕심쟁이 형을 돼지로 변신시키려다가 실수를 했다. 얼굴은 형이고 몸만 돼지로 변한 거다. 돼지 몸에 형의 얼굴이라니 무척 실망이었다. 나의 마법 공부는 갈 길이 멀다.

마법 연습을 더 열심히 하려고 눈을 감고 정신을 모으고 있었는데, 누군가 나를 흔들었다. 올려다보니 돼지여야 할 형이었다. 허. 나는 하도 놀라서 뒤로 넘어갈 뻔했다. 내 어깨를 흔들던 손이 사람 손이었기 때문이다. 돼지 족발이 아니었던 거다. 나에게 형이 짜증 섞인 목소리로 말했다.

"무슨 낮잠을 그렇게 깊이 자냐? 족발 배달 왔어. 빨리 먹자."

반전이 있네요. 전체 이야기를 구성하는 부분들은 일곱 개입니다.

❶ 나는 시계를 토끼로 변신시켰다.
❷ 나는 컴퓨터를 강아지로 변신시켰다.
❸ 나는 요즘 마법을 배우고 있다.
❹ 형을 돼지로 변신시키려다 실수를 했다.
❺ 나는 마법 공부를 더 해야 한다.
❻ 나는 마법사가 되는 꿈을 꿨다.
❼ 형이 나를 흔들어 깨웠다.

가장 중요한 부분은 ❻이라고 봐야 합니다. 꿈이었다는 게 중심 내용이고 핵심입니다. 나무의 기둥과 같죠. 나머지 여섯 부분도 당연히 중요하지만 ❻보다 중요할 수는 없어요.

정리를 해볼게요. 글의 중요한 부분을 찾으려면 세 단계를 밟아야 해요. 첫 번째로 글을 부분 부분으로 나눕니다. 두 번째로 어느 부분이 중요한지 저울에 올리듯 비교합니다. 그리고 세 번째로 가장 중요한 부분을 골라냅니다.

부록으로 과학 지식이 풍부한 어린이가 쓴 아래 글을 읽고 분해해보세요.

> 태양의 표면 온도는 섭씨 6,000도에 가깝다고 한다. 끓는 물이 고작 100도이고 쇠를 녹이는 용광로는 약 1,600도이다. 태양은 상상하기 어렵게 뜨거운 것이다.
> 그런데 우리가 잘 모르는 게 있다. 우리가 발 딛고 사는 지구도 상상 밖으로 뜨겁다. 표면은 아니지만 지구 중심(내핵)의 온도가 섭씨 5,000도를 넘는다. 태양 표면 온도에 못지않은 것이다. 훗날 지구 중심의 열을 이용해 에너지를 만드는 날이 올 수도 있다. 내가 과학자가 되어 이루고 싶은 꿈이 그것이다.

글을 쓴 어린이의 핵심 주장은 어떤 걸까요? 글에서 가장 중요한 내용이 뭘까요? 글 전체를 부분으로 나눠 보겠습니다.

❶ 태양 표면의 온도는 6,000도 정도이다.
❷ 용광로 온도는 약 1,600도이다.
❸ 지구 중심의 온도는 5,000도 이상이다.
❹ 지구 중심의 열을 이용해 에너지를 만드는 게 내 꿈이다.

다른 부분도 중요하지만 가장 중요한 것은 ❹ '내 꿈' 부분입니다. ❹가 중심이고 나머지는 주변적 내용이죠. 달리 말해서 ❹가 기둥이고 나머지 세 부분은 곁가지입니다. 글을 분해하고 비교하면 중요한 것과 덜 중요한 것을 구분할 수 있습니다.

To. _____

안녕? 나는 소율이 , 나는 채우야 .
이 편지가 네 손에 도착했다니 벌써 책을 끝까지 다 읽었구나?!
우리의 마법학교 여행 이야기가 어땠어? 재밌었어? (너무 궁금해!)
개구리 시계를 따라 떠난 공부 마법 여행은 정말 놀라운 경험이었어!
우리가 너랑 함께 갈 수는 없었지만,
교장선생님의 말씀은 이 책에 빠짐없이 모아뒀어.
다 잘 기억하고 있지?
1년이 지나고, 2년이 지나고… 우린 어떻게 달라져 있을까?
지금은 공부가 좀 힘들겠지만 넌 왠지 잘할 수 있을 것만 같아.
마지막으로 〈공부로부터 나를 지키는 마법의 질문〉을 알려줄게.
너도 한번 써 볼래? 그럼 이제 안뇽~!
함께 공부 마법 세계로 떠날 그날을 고대하며!

195~196쪽
'마법의 질문'에 답을 써보고,
가위로 잘라 책상에 붙여두세요.

· 부록 ·

공부로부터 나를 지키는
마법의 질문

① 넌 어떤 재능이 있어?

_____

_____

② 네가 꼭 이루고 싶은 꿈은 뭐야?

_____

_____

③ 공부를 왜 해야 한다고 생각해?

_____

_____

④ 공부 때문에 스트레스 받을 땐 어떻게 할 거야?

_____

_____

⑤ 너도 개구리처럼 미루고 싶은 게 있어? 그걸 어떻게 해치우고 싶어?

_____

_____

⑥ 나는 종이접기를 하면서 쉬기로 했어. 넌 뭘 하면서 쉬고 싶어?

_____

_____

⑦ 너는 어떨 때 집중이 잘 돼? 수업시간에 집중이 안 될 때 어떻게 해?

_____

_____

⑧ 모두를 깜짝 놀라게 할 너만의 공부 마법을 알려줄래?

_____

_____

"
네가 사랑하는 것, 소중히 생각하는 것이 뭔지 떠올려 봐.
이제 시작이야!
"